酱醋茶扮成诗酒花

肖遥——著

廣東旅游出版社
GUANGDONG TRAVEL & TOURISM PRESS
悦读书·悦旅行·悦享人生
中国·广州

图书在版编目（CIP）数据

酱醋茶扮成诗酒花 / 肖遥著 . — 广州 : 广东旅游出版社 , 2021.2
ISBN 978-7-5570-2384-3

Ⅰ . ①酱… Ⅱ . ①肖… Ⅲ . ①随笔—作品集—中国—当代
Ⅳ . ① I267.1

中国版本图书馆 CIP 数据核字（2020）第 240922 号

策　　划：书途文化
责任编辑：彭　超
特约编辑：吕　征　李海旺

酱醋茶扮成诗酒花
JIANG CU CHA BAN CHENG SHI JIU HUA

出版发行：广东旅游出版社
社　　址：广州市荔湾区沙面北街 71 号首、二层
电　　话：020-87348734
邮　　编：510130
印　　刷：北京虎彩文化传播有限公司
地　　址：北京市朝阳区酒仙桥路 16 号 8 层 802
开　　本：880 × 1230mm　1/32
印　　张：8
字　　数：200 千字
版　　次：2021 年 2 月第 1 版
印　　次：2021 年 2 月第 1 次印刷
定　　价：59.00 元

自序 好玩和玩好

这本随笔集，收录了我这两年来陆续发表在《三联生活周刊》《中国新闻周刊》以及若干家晚报和都市报的几十篇随笔。

同样的时间，可以用来聊天、溜达、看书、看电影、画画、拍照，哪怕做一顿饭，这些都挺欢乐。与写文章对我的治愈和放松一样，这些都是我喜欢的玩法，都属于“不为无益之事，何以遣有涯之生”的无益之事。可以说它们是创造，是艺术，之于我，更多的是游戏。

可是，与其他游戏相比，沉溺于文字的快乐，是一种深刻的、广泛的互动，是一场小型的行为艺术。当你知道，你写出来了，有很多人看，有很多人跟着你一起心跳，那种心心相印的存在感会更加令人心跳。虽然不可能知道有多少人看到，有几个人为此心跳，他们心跳的频率和你是不是一致，但这个游戏的终极目的就是——只要有一个人看到了，心动了，作为游戏的发起人就很开心了。

打个不确切的比方，就如同爱过许多人，最后沉溺于一双眼睛一样，写作之于我，算是气场相合的缘分，是最吸引我玩下去的游戏。从 2009 年开始写周刊随笔，至今写了 10 年，编成书，希望喜欢它们的人能够有个地方看到。

写随笔之于我是专业，也是爱好。说专业，是因为我一直在用专业的态度对待这件事；说爱好，是因为我只能用业余时间去完成它们。而专业写作者，就像舞台上的表演者，对他们而言，那一点点鼓励、点赞、评论都很宝贵。有时候，就是为了那几声好，台上的演员会拼尽全力旋转、旋转，直至倒下。能不能再次站起来，管他的，“为君沉醉又何妨，只怕酒醒时候断人肠”。

有一个场景挺难忘。某年，和画家朋友爬黄山，我说他“搜尽奇峰打草稿”，他说我“语不惊人死不休”。选择码字游戏，也可能因为我在现实里太过沉默，而我的内心又涌动着那么多的想法、故事、念头急于诉说，这种落差使得我不得不写写写。也许正因为我在现实中多数时候很沉默，导致在文章里使劲地说呀说，怎么狠怎么说，怎么狗血怎么说，怎么尖酸刻薄怎么说，怎么胡说八道怎么说，怎么结实（方言）怎么说。现实里我有多么沉默寡言、循规蹈矩，文章里我就有多么“人来疯”。

然后，不知不觉，就写了这许多。把它们编成一本书的时候，我才发现，它们已经有这么多了！这件事情可以说是享受，也可以说是坚持，不管怎样，我坚持享受下来了，很庆幸；也很欣慰，就像把自己的孩子们都聚集起来，点兵点将，不知不觉发现它们也可以成为一支部队了。拥有部队的感觉很好，至少令人觉得自己很有力量，虽然我还是不怎么会用它们去攻城略地。

我一直是个散淡到有点天真的人，这么给自己贴标签显得很矫情，换句话说吧，出一本书，写一篇文章，爱一个人，我希望这些过程都能纯粹且清爽。因此整理这本书的过程，也是一个自我发现的过程。整理的结果是，我发现自己人生最大的追求，竟然是好玩，希望自己一直能玩好。

我喜欢范晔评论阿根廷作家科塔萨尔时所说的那句话，写作只是他的一种生活方式，他拒绝成为一名“职业”作家，“因为那就等于将生活当作职业。而生活，本该是日复一日的奇迹”。

所以，我还会瞪大眼睛，张开毛孔，感受生活带给我的每个奇迹，然后，悄咪咪地揣着它们，兴奋地跑回电脑前，在文字里，大声尖叫。

目录 Contents

一

流年 >>>

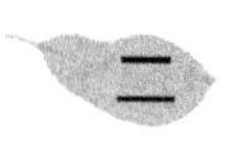

世相 >>>

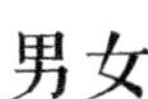

男女 >>>

烟火 >>>

有思

>>>

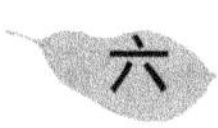

方寸

>>>

一 流年

我和春天有个瓜葛

1

赏花，是春天的标配。我曾经也听从广播里的推荐，融入滚滚车流，亦步亦趋地驾车到一个地方，随着乌泱乌泱的一群人跟大片大片的桃花合个影，和这个春天的瓜葛就算是了结了，就像是参加一场婚礼，和结婚的人并不熟悉，更不亲近，只是例行一场人情，参加一场仪式而已。

真正意义上的赏花，应该是和这场花事发生情绪上的共鸣吧？就像小时候的一次轻盈的邂逅——跟小伙伴们出去玩，春天里穿过山谷，翻过山梁，蓦然看到一大片蔷薇花环绕的院落。那家人被惊动了，出来一个女孩，竟是我们的同学魏丽。她邀请我们坐在院子里，给我们端来她外婆做的槐花饼，饼子里什么调料也没放，自有一股清香。走的时候，一人抱一捧蔷薇花，回家插在瓶子里，就像把一角春天带回了家。后来读到“芳草鲜美，落英缤纷”，眼前就浮现出当年无心之间闯进的那户画儿一样的人家。

以后的春天，上山摘花就成了固定的节目。从迎春花开始，杏花、桃花、梨花次第开放，瓶子里总有新鲜的花。只要有新鲜的花，春天就没有完。春天完了也不要紧，院子里还有月季花，一直接上兰花开，桂花开，菊花开，芙蓉开，梅花开。梅花开完，又轮到迎春花开了。

记得小时候最神秘的事是去某人家看“八点半”。“八点半”学名昙花。昙花不好养，欣赏昙花开放成了一件稀罕事。获悉哪家昙花要开了，邻居、同事、同乡晚饭后都会聚到他家里去看花，人们叙旧，交流信息，闲话家常。忽然有人惊呼“八点半了！”，大家便围拢到昙花所在的房间。黑暗里，昙花张开了它的花瓣，散发着梦幻般的光芒，就像寻常生活里的一个奇迹……

至今想起来，我还有好多疑惑。为何看昙花的时候，人们都会屏住呼吸，对还在嚷嚷的孩子们说“嘘——好好看花！”，就好像吵嚷声会惊吓到花朵似的？为何尽管我每次都睁大眼睛，几乎一眼不眨地“好好看”了，事后小伙伴问起，我还是回答不出，花开的时候有没有声音？是“砰”的一声，还是“啪”的一声？也许对于孩子们来说，看花这件事的神秘感，早已被更兴奋的事取代了，比如结识新的伙伴，交换玩具和小人书。

惊艳于别人家昙花的美，想起我家院子里也有很多花。第二天，我爸心血来潮撑起画板，搬起一盆美人蕉放窗台上。清晨，美人蕉还是一个花苞；等终于画出轮廓的时候，再一抬头，花瓣已经张开了；等染好颜色的时候，花已经完全盛开了，还伸出了一丛鹅黄的花蕊。邻居们这个过来看看，那个过来瞅瞅，还搭讪几句，“肖师傅还会画画啊”。肖师傅就跟他们吹几句牛，说：“我上大学时候，学校放电影的海报、校报的插画和彩图都是我画的……”说着说着，抬头一看，眼前的花和笔下的花又不一样了，只好重起一张草稿……那天上午，那盆花，肖师傅画了十几遍。那些废稿，都被邻居们捡走贴自家米缸上去了。

有些季节，希望把日子打个包，瞬间抛出去，比如连续多日超过 40℃的夏天；有些季节，希望把一天分成小时，把每小时切成分钟，每分钟都像一滴水，慢慢地饮下，好好地品味。就如同小时候那些个慢慢悠悠而又热热闹闹的春天：从惊蛰到谷雨，该开的花都在开，该下的雨都下了，空气澄明，天空通透，湖水清澈，一切都合适、温和、润泽。日子就像那句话——“春和景明，波澜不惊”。

2

长大以后我发现，仔细留心的话，每个春天都是不一样的。

比如今年春天，短到从穿棉袄到穿裙子只有两个星期，短到根本来不及注意花儿们是何时开、何时败的。往年花开都是像明星走红毯一样，错落有致，你方唱罢我再闪亮登场，每朵花都有时间和空间充分展示自己。可是今年，季节的追赶使得花儿们也乱了阵脚，桃花、梨花、杏花、樱花、牡丹、芍药、丁香、七里香几乎一股脑儿地开放，就像蜂拥着出门抢购的人们，呼朋唤友，挤挤挨挨，吵吵嚷嚷，还不时上演踩踏、假摔啥的，虽然俗气，但烟火气十足。

花儿们是怎么感知到，这一年的春天会很短，错过了就要再等一年？是不是敏感的它们也感觉到了空气中的躁动不安？今年开春，本市房价大涨，朋友圈里的房产中介忽然就牛气冲天了。他们发的那些煽呼性的广告，让同事小娄一口老血都能喷出来，比如：“看看看，在你看的时候，房子已经卖了！”“昨天的房价你犹犹豫豫，今天的房价你高攀不起。”小娄还举了个“栗子”：一个朋友，前几年做生意，人家还不起钱，就给了他几套房。彼时房地产市场低迷，几套房卖不出去也租不出去，还得交物业费、暖气费。他气得不行，天天在朋友圈里叫卖：“是朋友的话就帮转！”他一开口，大家都闭嘴了，连“点赞党”都吓得缩回手了……想不到风水轮流转，野百合终于等来了春天。今年的他状态大变，尽管还是那么几套房，还在手里握着，还要交物业费、暖气费，但他再也不提房子的事了，还生怕别人提，就差发个声明："是朋友就别提买我房子！"

小娄说，即便不买，重在参与也可以嘛！就像考试，你可以考不好，但如果你连参加都不参加，那就太怂了。何况，人还是要有理想的，万一实现了呢？几米不是说了："我们错过了诺亚方舟，错过了泰坦尼克号，错过了一切的惊险与不惊险，我们还要继续错过……"这句好文艺的话，让怀揣买房大业的小娄一说，感觉必须的、赶紧的，要揣着钱上船，不管这艘船是诺亚方舟，还是泰坦尼克号。

我是个崇尚专业的人，觉得炒房也需要专业的人去做，像我们这样的"小白"，冲进场也是个陪跑的，激动个啥呢？可这种如火如荼的场面，不管是买菜还是买房，不管是当街耍猴还是凶案现场，只要人多，都会对外围群众有莫名吸引力。于是，晚餐时我跟肖师傅聊起房价的事，说的人心潮澎湃，听的人心不在焉。肖师傅这几天忙着临摹《早春图》，对房价三位数买入、四位数卖出能挣多少钱完全没概念，但鉴于我是他亲生的，不得不耐着性子一边听我数落，一边拉着我去散步。"走吧走吧，去校园里看看，牡丹花开啦……"天已擦黑，听我说房价时没精打采的肖师傅，说起牡丹来，眼睛在黑夜里竟然都闪闪发光。

我们走到花园，在乌漆墨黑的夜色里，循着香气费劲地寻找着花丛里隐隐约约的牡丹花。对我刚才的激动，肖师傅终于做出了迟来的反应："房价涨了？涨就叫它涨去呗！反正你看不看它都是个涨。可牡丹只开这几天，一场雨过去，就败了。"

3

去年春天，雨水特别多，多到有人在朋友圈里感慨："春雨好贵的，不敢下了呀。”

年初公司轮岗，报志愿的时候，我选了顺城巷分部，原因只有一个——养眼。尤其是春天，环城公园的花儿们一片接一片地开——玉兰花、樱花、紫罗兰、泥胡菜、喇叭花……它们开得那么浩浩荡荡，弄得我在每天穿过公园去上班的路上，又紧张，又期待。紧张有的花儿败了，期待另一株花儿开了。我有时候怀疑自己是为了这些花儿们才去上班的，就像去赴一些老熟人的约会，毕竟，几场雨过去，它们就芳踪难觅了。

公司的其他部门都设在新区的高层写字楼上，窗户外面是灰色玻璃幕墙，关门就是灰色办公格档。植物也不是没有，电梯口摆了好几盆橡皮树和发财树。我经常狐疑地摸摸，那些一年到头都绿得发亮的叶子们究竟是真的还是假的。相形之下，尽管老城区陈旧、残破、斑驳，但是有很多古老的大树——湘子庙门口的老槐树遮天蔽日，卧龙寺里的松柏粗得几个人展臂才能围住。这些树生长了数百上千年，躲过了战乱和砍伐，本身就是个奇迹。就像城墙和城门，我时常替它们捏把汗，只有活到这把年纪，老到可以冒充自己三千岁了，才可以这么笃定地矗立在尘土飞扬的摩天楼群中间，无视外界的喧哗与骚动，无惧被拆的威胁。

部门会议室的窗户，让人想到民国文人写的《囚绿记》，花窗后面是一片婆娑的新绿。这绿色，随着逐渐深入的春天和不同的光线，每时每刻都在千变万化。被台上的人讲到昏昏欲睡时，目光可以栖息在那片绿上，久久凝视。恰逢雨水丰沛，那一片绿便越来越浓郁得化不开。开会太无聊，时光变得极其漫长，经常会恍惚，是不是已经过去了好几个世纪了？窗外的绿会不会一直在野蛮疯长，等我们出去，外面的世界已经大变？前几个千年，人驯化了动物和自然，而后几个世纪，人类最终发现自己其实是在给植物打工，轮到植物占领这个世界——林木森森，城墙上、商铺门楣上都挂满了各种各样的植物，脚下生满了苔藓，走一步，滑两跤……

4

每年那些轮回着生发又凋零的植物，不仅仅是亲切的老熟人，还是一个个密码锁，会暗暗地记录人生的很多事件，打上一些情绪的烙印。当熟悉的花儿们相继开放，就像熟悉的音乐响起，引发几多感动或忧伤。

在人生的某个阶段，会被重重心事压着，看山不是山，看水不是水，看花不是花，甚至已经没有了季节的概念。记得多年前的某个春天，我去看望朋友阿猫。她失恋了，痛哭了几场后，要收拾东西回老家。给冰箱断电时，她把储藏的几个梨塞给我。梨已经有些蔫了，我不想要，又不好拒绝。这个季节的菜场上，红草莓鲜艳欲滴，黄菠萝灿烂辉煌，春天的餐桌上早就没梨和苹果啥事了，就像春天有那么多地方可游逛，几乎没人还想着滑雪或游泳一样。可是不管是梨，还是苹果、菠萝、草莓，对阿猫来说，只不过是水果，是维生素，没有更多差别，就像她根本没有心情去分辨铃兰和鸢尾，风信子和勿忘我。她满怀悲愤，伤心欲绝，怪自己命不好，眼光差……

谁没有过见花流泪、对月伤怀的时刻呢？我想起自己曾经的那段时光，整个春天的花朵们都好像在表演一场又一场的谢幕，特别扎心，但也不无治愈。先是迎春花星星点点越开越少，接下来是桃花，几乎一场雨，就落红成阵、四散飘零了。我揣着重重心事，徘徊在花园里，失魂落魄。丁香占满一溜廊檐，紫藤挂满另一溜廊檐，中间是此起彼伏的樱花，牡丹开得盛大隆重，轰轰烈烈，仿佛永远能够如此花团锦簇。然而心碎的我却分明感觉到一切都在悄悄溜走，“笙歌归院落，灯火下楼台”。我两臂交叉抱着自己，防止自己也飞散成碎片。

即便如此，春天还是会来。又一个春天，我登上一座山，三色堇犹如绿海里的星辰，七里香宛若山涧里的瀑布。我心里也开出了新的花，和漫山遍野盛放的花朵交相辉映。谷雨一过，所有的花都要谢幕了，桐花是春天里最后一波花事，不过它一点也没有春天里其他花朵的敏感和脆弱，带着一股经摔打、耐折腾的皮实劲头，扑扑地落一地……

然后，花期长、无惧风雨的石榴花就开了，开得火红火红。夏天来了。

春天里来搞事情

我的一位写书法的朋友在朋友圈里说："前天写字，觉得有不可阻挡的洪荒之力。后翻黄历，原来是惊蛰，猛然发现春天来了。"

春天不仅适合搞创作，还适合搞事情。放眼四顾，朋友圈似乎都更有生命力了，连吵架都比其他季节更中气十足。比如小 F 喜欢在圈里转发针砭性时评，甚至剑指本公司上层的决策失误，小咪在底下警告："瞎说什么大实话，你想干吗？想上天？想和太阳肩并肩？小心城门失火，殃及池鱼！"围观的我等都能感觉到小 F 回答里的傲然和冷笑："大象倒下死了，可能会压死老鼠，但未必能压死蚂蚁，以及另一头大象！"

可是，这个春天连小咪都蠢蠢欲动了，她的纠结是："今年部门副主任的位置空了，要不要去争取一下呢？"当听说如果争上了，每个月只多 200 元钱，连小 F 都表示不屑一顾。小咪说："账可不能这么算，一个月 200 元，一年就是 2400 元，十年就是 24000 元，一百年就是 240000 元……"为此，小咪也算了一下付出的代价："从现在开始，要全力以赴哄好上司老 Q。要像宠孩子一样宠他，答应他的每一件事情都要做到；对他讲的每一句话都要装作是真心；不能骗他、骂他，要关心他；别人欺负他时，要在第一时间出来帮他；老 Q 开心时要陪他开心，不开心时要哄他开心；永远都要觉得老Q是最棒的；梦里也要见到老Q；心里只有老Q……”

可是小咪发现自己如此这般做得越多，心理阴影面积就越大，最后连老Q开会时的例行洗脑都听不下去了。“上级要求周六保证不休息，周日休息不保证，让你们加个班都抱怨。我家最近也有很多事，我都克服了，你们为啥不能克服一下呢？”老Q说一句，小咪在心里顶一句：“那是你权衡利弊的结果，和我的计算方式不一样。”老Q讲道：“我只要没让你们替我家扛煤气罐，其他工作，你们都不要有意见……你们为什么不能换位思考呢？”小咪在心里想：“拜托，那是你的欲望，我们为什么要为你的欲望买单呢？”老Q说：“你们为啥不能有奉献精神呢？”小咪在心里回答：“为谁奉献要不要说清楚？为公司吗？公司的命说不定还没我的命长。为长官你奉献吗？我对你又不是真爱，凭啥要为你奉献呢？”最后这句话，小咪差点儿冲口而出。算一算，小咪是从惊蛰开始执行争职位的方案的，不到清明就决定终止行动。她说，以自己欠费之双商、欠奉之演技，还是不要想太多了。

看热闹不嫌事大，搞事情不分长幼。我家小孩说，她的一个女同学，最近很恼火自己的男同桌和前桌女生谈恋爱，天天忙着和伊眉来眼去，都不理会自己，就花了很多工夫，搜罗证据，准备措辞，去向老师举报了。万万没想到老师的处理方式是把那一对小情侣调成了同桌，因为老师自己就和她的中学同桌终成眷属了，并不介意成全另一对有情人。

十八年也看不够

春天的周末，阿猫开车和我去山里看油菜花。她说，倘若可以不上班，她理想的生活就是天天跑出去赶花，就像养蜂人一样，循着花的“汛期”，从山谷里的油菜花开，追到桃花开，追到槐花开，一直一直追下去……什么事情能像看花这件事一样抽象、梦幻、了无意义又充满了意义？山坡上大片大片的油菜花，开得迷离、苍茫、灿烂，阿猫坐在花田里画一幅关于春天的水彩画。

阿猫说起很多年前，她最向往的赏花方式是和某人慢慢走，慢慢聊，间或指着远处说“看！多好看！”，或者什么也不说，心照不宣地相视一笑，一切情意尽在不言中了。然而就像《立春》里那句台词，“春天来的时候，总觉得会发生点什么，但是到头来什么也没发生”，她越躁动不安，期待某人抽出时间陪她去看花，越等不来。春天对他来说是“一年之计在于春”，正是兑换各种资源的好时节，不容浪费在看花这种闲事上。后来她生了娃，和婆婆相处不错，无论如何也值得一番嘉奖，他答应带她去郊游，可是得带着老人和孩子，带着纸尿裤和奶瓶、水壶……这些都没啥，偏偏老人想去寒窑，她也努力去理解，就像如今的少女粉丝喜欢的“爱豆”一样，寒窑女主王宝钏则是老年妇人的偶像。

阿猫听婆婆一路叨叨王宝钏的事迹，颇不耐烦，心里嘀咕：也不知婆婆崇拜王宝钏啥？这个千年前的女人出身世家贵族，在花样年华不听劝看上个渣男。渣男去打仗，她在家缺吃少穿地等，娘家近在咫尺，却饿死不去求援。老天爷都看不下去了，在她的破窑洞附近生发了很多荠菜，她就靠吃野菜活了下来，十八年后等到了他。不想这货还要试探一番，在瓜田李下把她当民女调戏……想想古人也真是犟，死等一个没心没肺的人，死守一个虚头巴脑的诺言，一等就是一辈子。

去寒窑那天早上，阿猫刚跟某人吵过架，眼睛还红肿着，对方也心不在焉，焦躁地接电话、看手机、发信息，没完没了……她开着车，气着气着，渐渐地，那股气就被早春的风吹散了。路边的树依然是枯黄的，可分明和冬天不一样了。同样是风，冬天劲风刮过，草木都凛凛地，像瞪着一双冷眼，但春风过处，红红黄黄的枝条像波浪一样翻滚涌动——红是那种枝条充满了水分而泛出的浅粉，黄是叶芽马上要冒出来的嫩黄，山桃花零星有了花苞，它们杂糅在一起，在风里招摇。虽然不是美到惊艳，但足以令人感动得挪不开眼。

现在细想想，当年讨厌某人看花不专注，自己何尝不是一样，游玩时不也忙着生气、焦虑、鄙夷？周围有那么多活泼泼的事物——小宝宝有小宝宝的好玩，老人家有老人家的有趣，即便那个顾不上赏花的人，也有他的专注。他的战场上刀光剑影，哪怕只站在远处围观，也比看一场球赛精彩，而自己却完全不知欣赏。

阿猫抹完油菜花的最后一笔亮黄说："这么好看的春天，看十八年也看不够啊。说不定王宝钏是厌倦了写字楼的工作穿越回去的，远离她不喜欢的物欲、虚荣和权力，在僻静的窑洞前自得其乐，想晒太阳就晒太阳，想晒被子就晒被子，观察四季轮回，欣赏花开花落。我们窝在暗无天日的办公室上班的人，哪有资格惋惜王宝钏的人生？想来她才是坚持做自己的人生赢家好吧。"

槐花吃过，这个春天就完整了

每个季节都有应季的时蔬野菜：二月的荠菜、韭菜，三月的香椿、菠菜，四月的榆钱、槐花……确切地说，这些植物作为食材的话，最鲜嫩可口的时间段其实不超过两周。比如槐花，谷雨那天一场大雨过后，我妈院子里种的白槐花就不再白得发光了。

那个周末的中午，我们回老家还是包了顿槐花饺子。肉馅用新鲜的槐花拌上，加了点虾皮，热了花椒油一泼，搅上十三香……我弟小肖吃得扶着墙离开餐桌。据说吃到特别好吃的东西，连“三观”都会发生改变。小肖就满足到叹气，感慨地说，吃到如此美味竟然会令人心生忧郁。

小时候，我和小肖对榆钱、槐花、荠菜这些食物碰都不想碰，为何此刻吃个槐花就引发了伤春悲秋？儿时无论如何也搞不明白“清香”“鲜美”是什么滋味，这些纯天然食物太过清淡，不如甜来得明确，不如辣来得有冲击力，也不如麻来得有煽动性。小时候的我们更喜欢辣条、炸鸡这种口感铿锵、味道刺激、来势迅猛的食物。

何时开始，我们变得珍视那种两周后就萎败凋零、不忍直视的新鲜菜蔬了？也许因为对时间的焦虑吧。我第一次对时间有焦虑感，来自姨妈送我的那双红皮鞋。鞋太大了，我巴巴地盼着第二年能穿。少女时代的我曾无数次地幻想自己穿上红皮鞋走进教室的一瞬间，甚至对有可能的羞涩也做了心理建设……第二年拿出那双鞋的时候，却发现脚已经长得太大，根本塞不进去了。就像脚怎么也塞不进水晶鞋的灰姑娘的姐姐们，我气急败坏，大发脾气。可这种错误，气人就气人在，你并不知道该埋怨谁！

缓解对时间的焦虑感的唯一办法，就是尽量和时间里迅疾流淌过的生命体发生关联。这个春天的槐花我吃了三顿：拌上面粉蒸了麦饭；搅了面水烙了槐花饼；剩下的打成槐花汁，很香甜。想来如果没有吃过槐花，那么这个春天就和其他的春天并没什么不同。生命维度因为经历了差异而被延展开来，比起过往的春天，因为有了和槐花的各种交集、纠缠，眼前的春天就像被拉长了。记忆就是这样，一样的会被覆盖，只有不一样的会被挑选出来，反复播放。

多年前，我纠心的是一双鞋穿不进去了，曾经爱的人不再爱了，事情做着做着没有结果了……可近几年我发现，有些事从心头掠过，就像一阵狂风吹过。当时可能会有粗粝的，甚至被激烈冲撞过的痛楚；过后，即便有尚未愈合的旧伤，也会飞快地被其他新伤覆盖，来不及疼痛，只剩下麻木；再过不久，自己与生活的那些剐蹭和别人的八卦一起，裹挟在泥沙俱下的狂欢里，被手机带来的巨大的信息流冲走，无影无踪。

而另一些事物却逐渐令人放不下。比如，我会对时间划过的每一道划痕都变得敏感，明确地感受到，2019 年的春天和 2018 年的春天肯定不是一个春天了，那些开了又开的花也不是去年的花了。就连我妈种的槐树，我们去年还拿着剪子伸手就剪，今年得用长杆子才能够着了。于是看到每一朵花，都想给它拍个照。没什么，就是想记住它。

晒太阳的方法论

在刚入冬的那些天里，这个北方城市意外地有了长达半个月的好天气。没有雾霾的朗朗晴空，蓝得很梦幻。

在这些天里，我刚好有个长长的假期，可以每天去附近的操场上转悠。顺着操场走到尽头是一片湖，湖水静谧，我一走近，栖息在湖边的野鸭子就簌簌地惊起，在水面上划出一长溜“人”字形。近年来生态被保护得好，湖里也有天鹅，它们展翅飞起，停在高高的房檐上冷冷观望。白鹭也是这片湖的主要居民，但白鹭的速度太快，只能看到它们像一条白线从眼前划过。

所有平时看上去脏兮兮的景物，在阳光的洗礼下，焕然一新。就连门口的枯枝断木，在蓝天映衬下，都不再凄寒，而是呈现出一种坚毅。眯着眼睛看远处的山，能看到山其实是有很多层次的。山上的小径、瓦房，甚至牛羊，都能看到。人也变得特别慵懒，最想做的事就是找个地方坐着，或发呆，或聊天，连躺着都是浪费。躺倒的话睡着了怎么办？就辜负了这样美得不可方物的光芒了。光线刺眼，小孩子拉起窗帘，在阴影里写作业。我也尝试着看书，但很难集中精力。面对太阳的热力，忽然脑洞一开，想到“红袖添香夜读书”这个说法很扯，要么没有尊重红袖的美貌，要么没有真的在用功。

因为每天出去“浪”，我已经探索出晒太阳的方法论：冬天晒太阳的最佳时间段是中午12点至下午3点。在天蓝得幽深、光线美得炫目的那几天，晒太阳已经是值得牺牲掉午饭和午休去做的一件事了。晒太阳有点像喝酒，最高境界是微醺，让脑子放空，最好傻掉，在傻傻的状态下接受阳光普照。不要醉到睡得人事不省，也不能一点也不醉，清醒地瞪着眼睛思考人生。思考人生是漫漫寒夜里睡不着干的事，而太阳底下，一切都那么明了，无需思考。

尽管如此，我却隐隐地为自己在这样一个长假如此“虚度”而感到不安。已经有人在微信里问我休假到哪里去了，为啥不晒照片。我羞于启齿：“哪也没去……”好像不跑到世界尽头撒欢，就对不起平时上班的当牛做马。在我晒太阳的时候，外面的世界一片喧哗，我的同事正在开会、处理事务、做报表、上传下达、总结计划，而隔壁的爷爷奶奶在计划着要去周游世界。加拿大作家达尼·拉费里埃的随笔《慢生活赞》里有一段说，在现代社会的集体节奏里，人们都在忙着轮番当演员和观众。人们正在商场过道上疾奔，为踩了别人的脚道歉；在刚刚停稳的飞机上站起身，急着下去，好像飞机上有炸弹似的；即便在咖啡屋点餐，你拿着菜单多看了一会儿，服务员就跑走了……谁也不知道这场狂跑是谁组织的，又要往哪里去。

相较于订机票和酒店、询问行程、安排旅途，而后到达远方，站在自家阳台上，“透过葳蕤大树的树枝，看马路上流动的风景”，这种快乐谁都没有兴趣了。这一切，使得纯粹的晒太阳而不晒照片这件事变得不合时宜，甚至特立独行，成了需要找个理由才能坚持下去的事。

在时间之河里随波逐流

不知从什么时候开始，对执迷于抓拍的我来说，邂逅美景变成了一件不轻松的事。只要带着手机，就没法无视雨过天晴空中忽然出现的彩虹，路边一只眼神将你萌化了的小猫咪，甚至一个空气清透的黄昏投射在墙上的金子一样的残阳……许多次，我追逐着那斑驳的墙面上、破门上、篱笆上的“寸光阴”，争分夺秒地拍照，拍到最后一抹斜阳消散，拍到手机没电，好像我能留住什么似的。

对特别令人惊艳的美景，最纠结的莫过于，是手忙脚乱地掏手机，还是气定神闲地观赏。毕竟对所有美景来说，光线就是保质期。同样的景色，在傍晚的霞光下会变成如惊鸿一瞥般的盛景，而在正午的白光下会令人昏昏欲睡。那些稍纵即逝的盛景，多看一眼都是赚到。即便是拍摄时的瞬间，都会感到遗憾——少看了一眼，这一眼之间，又有好多的美流逝了。于是不免会蠢蠢欲动，光看也不行呀，留在手机上的话，不是时时可以拿出来看吗？一键锁定的事，干吗不呢？

要命的是，通常你拍不出这种盛景的十分之一。不必说光影投射到相机里损失的光感，当时的气氛、温度，或者是空旷、盛大、孤寂……这些不一定能通过视觉去触摸的感觉，你更是统统拍不出来。你对拍摄的野心越大，失落感就越强烈。为了不让自己沮丧，我只好就那么呆呆地看，静静地等待美景黯淡下去，惊讶逐渐平息，绚烂归于平凡。就像最惊心动魄的感情都是留不住的，而留下的，都是被磨平了、理顺了的关系。

桑塔格说，“摄影是倏忽的生命的存货清单”，人们“将记下一些正在消失的东西——然后通过拍摄它们来加快它们的消失”，“仿佛只有把现实当作一个物件来看——通过照片的摆布——它才真正是现实”。吃饭前，给菜品“开光”几乎成了必须的流程。把它上传朋友圈，是因为它马上就不见了。所有的旅游景点都布满举着手机拍照的人们，因为大家都是走马观花，与其用眼睛看，不如拍回去慢慢看，虽然回家后也未必有时间细看。

约翰·伯格在《观看之道》里说，那些美轮美奂的图片带来的华而不实，无需思考便迅速达到高潮的“观看之道”，不仅损害心智，最严重的后果，是人们思索、探寻真理的能力被彻底摧毁。这种“观看之道”，与我们举着手机打卡式拍摄一样无孔不入。令人困惑的是，我们对拍摄越认真，对拍摄的这些现实越不走心。于是，如何得到一种“不看之道”，变成了手机时代的另类审美。

我学会了放下手机，不再考虑眼前的景色怎么拍出来才最美，发朋友圈会有多少点赞，而是坐在河边，享受阳光、河水、鹅鸭鱼虾，还有杂树生花，看着黑色和红色的松木船来来往往，任凭自己在时间之河里随波逐流，用心体验时间之流的缓缓冲刷。毕竟，那些真正动人的瞬间都是无法被拍摄、保存、记录和分享的。

太阳能有多能

一到夏天，我们这个火炉城市，室外温度动辄蹿上 40℃，视野里的一切都在灼热的空气里变形。走在阳光下滚烫的柏油路面上，会担心鞋底粘在地上；等的人若迟迟不来，会怀疑他在途中被晒化了；在餐厅里点“铁板烧”的时候会心虚，因为感到与之同病相怜。

夏天的朋友圈里都会掀起晒旅途的攀比，最好是你离开的城市犹如火坑，而抵达的地方春风徐徐，冰雪消融。每个“点赞党”心里都藏着一场说走却走不了的旅行，只好看着别人的行程流口水。有这么多人暗搓搓地围观，就使得旅游这件休闲、佛系的事变得具有了竞争性。尤其是大夏天选择哪天出行，有点像炒股，追高还是杀跌，可以参考天气预报，但天气基本不会跟着预报走，只能靠运气。运气好的话，完美地避开了最高温的那几周，那这个夏天就算是赚了。

留下来的人不得不忍受酷暑的煎熬。暑热导致心火旺，人的脾气也会“变形”。公司里也频发吵架事件，办事的和工作人员吵，前台的和后台的吵，后台的和主管吵。主管老袁终于忍无可忍了，准备开个会，强调一下作风纪律问题。可能老袁觉得天气原因导致的情绪问题也没必要小题大做，就站在大厅的角落开始讲，台词大意是：这几天诸位精神都有点涣散，最好振作精神，迎三伏，战酷暑……他情绪激昂，声音嘹亮，坐在他眼皮底下的小咪“嗖”地站起来，尖声质问道：“老袁，你说谁涣散呢？你要是说大家，就站在大厅中间说，或者走来走去地说。你站在我跟前，是在批评我吗？我迟到了？早退了？调皮捣蛋了？没精打采了？”随着小咪将文件夹“啪”的一声摔桌子上，老袁的激情碎了一地。

小方却观察到，暑天虽然不好，但又不是对他一个人不好，毕竟40℃的高温，热得连最狡诈的办公室权谋者都偃旗息鼓了。爱战斗的人一不小心会原地爆炸，但他们最多一对一互掐，大规模碾压式的权力套路反而少了，公司意外地进入了一段“不折腾”的安生期。可以连续看烧脑的书超过一个月而无人打扰，而且夏令时的午休时间长，还可以睡一个自然醒的午觉。这个好福利随着秋天到来就没有了，感觉像偷来的一样宝贵。这么好的时光，简直连外出度假都不舍得。

灼热的阳光能够给慵懒者以借口，也能给敏感者以能量。捷克作家博胡米尔·赫拉巴尔就超级迷恋夏天，他在写小说《我曾侍候过英国国王》的时候，坐在阳光下的一个矮凳上，阳光照在哪里，他就把矮凳挪到哪里。他面前的椅子上放着一架打字机，打字机的声音响彻耳畔。在他的妻子看来，这声音犹如她打工的饭店里好多勺子被扔进镀铬的洗涤机里一样悦耳。赫拉巴尔自述，在“一种轻盈的无意识状态”下，文字从手中欢快地涌出来，汩汩不绝……小说只用十八天完成，从完稿到出版，只字未动。听上去好像赫拉巴尔拥有某种特异功能——将太阳能直接转化成文字，但我由此判断出，布拉格夏天的太阳下，地表温度绝不会超过40℃！

脂肪一样的旧物

我在日记里写下："周末，心血来潮收拾书房。""心血来潮"这个词很潮，现代人喜欢强调自己是偶然为之。比如我说准备了半年去海边写生，肯定不如说心血来潮去写生听上去更率性。

收拾书房这件事，其实暑假就起意了，可是今年夏天太热，且迟迟不走，我就迟迟进不了书房。说是书房，其实就是家里的一个储物间，除了放书，还存放闲置的衣物、厨具、家具。

收拾书房时，我听着某个音频节目，刚好听到嘉宾们讨论的话题是，在过去，出书是很艰难的事，能写书的人也不多，所以不需要吆喝。可现在不同了，世界上每天都能出一万本书，不吆喝的话，就只有变成垃圾了。听到这里的时候，我忍不住多扔了几本书。

我这几架子书，少数在网上有免费资源，多数也有收费电子书。我经常会想，收着它们有啥意义，尤其是现实意义——比如计算它们花了我多少时间成本、空间成本、租金成本，而我能从中获得多少收益。比如我在 2007 年买的《金瓶梅》，当时 99 元，现在网上可以卖 600 多元。看看房价近十年来上涨的势头，就知道即便是增值的书也追不上房价，于是就会越扔越顺手。毕竟什么贵都不如房子贵，什么值钱都不如空间值钱。按这个逻辑来说，扔什么都是在赚钱。

不过，旧书旧物皆能言语，收拾书的过程，简直就是跟自己的过去对视的过程。既然是在整理自己的过往，那么在扔和留之间，就没有了太清晰的界限。有的扔也就扔了，有的一念之间又留下来了。听说整理衣服有个标准，两年以上不穿的就扔，而书却不一样，两年不看的，却未必就是可以扔的。比如经典的社科类书和小说，都得留下，即便不翻不阅，看着它们都在，也是一种踏实。

据说旅游有助于思考人生，收拾东西也有助于思考人生。比如我收拾书的时候，就在思考：我为啥要买这么多书呢？说实话，和一本书相遇的愉悦，多则一两周，少则一两天。和它余下的交集，就是找个地方放置它，然后决定要不要收藏，要不要扔。现代人的人生意义就是这么买买买、扔扔扔吗？

我的一个朋友小山，房间里干净得像酒店。她的生活状态也是酒店状态，不需要亲人，不留恋过往，经常关闭感情阀门，也随时开启新的情感历程。和人、和物的这样一种不牵不挂、不蔓不枝的关系，使得她很容易把自己放在一个绝境，就像在沙漠里的独孤求败。而我的另一个朋友大猫，他家几乎无法落脚。那些堆成山的东西，90% 是不会再用的，但他家老人不舍得扔。这些老物、老情感也会滋养人，但这些旧物什、旧情绪就像一个蓄水池，积攒到一定程度，总有一天会超出警戒水位，甚至决堤。

我思考人生的结果就是：旧物就像脂肪，多了臃肿，少了干枯。无论是衣还是书，无论是物质还是精神，流水不腐，越是更新频繁的，越有活力。经常收拾，是对自己和物的情感做一个梳理，该了断的了断，该延续的延续。

感冒里的身体现象学

每到冬天流感季，我这样一个资深鼻炎患者就如临大敌。尽管采取各种措施严防死守，但寒冬的感冒就像台风，迟早会登陆海岛。我在想，是否需要画个感冒发病原因的动态路径观测图，对引发感冒的种种原因做个统计和筛查，才能更好地回避和预防，类似分析一只股票十年来的涨跌走势曲线一样。

可这几年，气候越来越喜怒无常、难于预测，股指也忽上忽下，没有规律可循，感冒的突袭也根本不跟你讲规矩，讲套路。去年是一场午觉起来，打个喷嚏就感冒了；而前年是因为太忙，没机会午休，感冒病毒在某个疲惫的下午乘虚而入；还有更多的起因根本摸不着来龙去脉，可能是吃爆米花上火，也许是跑步出汗着了凉，或者温度骤降，任何因素都可能招来强敌……先是嗓子疼，继而炎症从嗓子蔓延到鼻腔，就像火和烟顺着烟囱烧了上去，几乎是肉眼可见的，鼻翼就肿了起来。而鼻腔的拥堵比交通拥堵更麻烦，交通拥堵到半夜就缓解了，而鼻炎最害怕晚上，堵得睡不着觉，好不容易睡着，中途又被憋醒，由不得令人沮丧到怀疑人生。很羡慕那些感冒都好单纯的人，吃几片感冒灵，蒙头睡几觉就痊愈了。他们上辈子可能是拯救了什么星系，而我上辈子一定是搞破坏的那个人。

生病会使人变得感性，对自己平时满意的一切都会产生怀疑。独身时会觉得是不是结个婚比较好，就不至于“垂死病中惊坐起”，却四顾无人倍凄凉了；可结了婚又会抱怨，难道不是因家庭成员增加导致的几何级增量的家务累病的？此刻能做的，就剩下“台风”来袭后的各种补救和挣扎，以使恶劣天气不太影响生产生活。于是借口生病，不拖地，不见客户，不背单词，不看烧脑的书和剧，不再为管理身材做平板支撑、仰卧起坐，理直气壮地看脑残剧，和平时饮食起居有意回避的汤、躺、烫亲密接触，想怎么虚度年华就怎么虚度，没了负罪感。以“对自己要好”为借口，把看来看去觉得没必要、不实用但每次看见总蠢蠢欲动的大衣拍了下来。下单的瞬间，我听见衣橱里的一队大衣都发出了轻声叹息。

村上春树小说里有段话，说人对彼此的了解之难——“即使六年时间里生活在同一屋檐下，我对她也几乎没有了解。一如一个人每天晚上都仰望空中的月亮也对月亮一无所知。”其实人对自己又何尝不是如此呢？只有生病时才能发现，对自己身体的了解其实少得可怜。虽然我们能像品评物品那样用目光随意丈量、观察别人，却谁也看不清楚自己的后脑勺、后背，也不可能随时观测自己的面部表情。它们都暴露在别人面前，完全无法控制。身体表面如此，内部更甚，不借助 X 光、B 超、内窥镜，根本看不到体内的情况。我这次去看病，才发现患的不是鼻炎，而是鼻中隔偏曲引发的鼻塞，就像有一种塞车不是因车流量太大，而是道路设计的问题。

平时以为身体是世界上最贴近自我、与自己最亲密无间的东西，但是我们对自己身体结构上的偏差以及里面的零碎变化一无所知，甚至对心中油然而生的欲望和情感都无从掌握。相比其他事物，身体反而是最靠不住的东西，就连每年冬天抵御不知何时来袭的感冒，也像被动地等待一顿迟早会来的暴打。通过潜伏在感冒里的身体现象学，才发现与身体的距离远得超乎想象。难怪尼采说，“离每个人最远的人就是他自己”。

减肥是个力气活

关于减肥的话题，每过一段时间就会卷土重来。年初聚会，几个大胖子堂兄妹们互相激励着一起减肥，还定好了奖惩制度——成功者获奖 1 万元，从失败者的押金里扣。参与比赛的都交了押金，几个不太肥的也乐呵呵地观战。今年长假又聚，发现有个大胖子活活减下来 10 公斤！这引发了更大面积的焦虑，连那些不太肥的都恐慌了，因为马上就没有比你更肥的垫底了，你有可能会成为那个最肥的了！

加上我妈这个人，总舍不得说自己人好，仿佛实话实说就像对命运交了底儿，会被命运偷袭似的。瞧瞧！我妈一直昧着良心夸我堂妹："减肥减得人都漂亮了，轮廓清晰了，线条出来了，不像某某（某某就是我，羞耻的我都不想报大名了），看看现在胖成个啥了？！"一边说，一边又递给我一个包子！"某某"正襟危坐，表示会虚心听取堂妹的减肥秘笈，其实更想听的是她如何烧排骨，怎么做香辣蹄花。堂妹从前开过私房菜餐厅，这两道是她的招牌菜。可她如今皈依了"减肥教"，想必和这些美食成了死对头。既然往昔的心头好如今反成仇雠，就不好再提了。

于是堂妹给我们发了减肥食谱，把我拉进了减肥群。群成员天天发一日三餐，以便互相监督。减肥食谱里规定，早晚餐都不能有碳水化合物，所有淀粉类的，诸如土豆、红薯、莲菜、山药什么的，也不可以蒙混过关。蔬菜、酸奶、木耳这些只能挑两样吃，往饱了吃。我试了，只吃青菜、木耳，还没吃饱就吃腻了，胃口不好的，吃上几次就吃伤了。两样往饱了吃，其实就是让你不要吃饱。这个制定减肥食谱的人简直居心叵测，让你对食物的兴趣降到最低，办法就是把食物变难吃，令人吃到烦，吃到没胃口。

减肥餐吃到第三天，的确感觉身体轻松了，但并没有传说中的愉悦感，相反，变得不那么愉悦了。凛冬将至，饭都吃不饱，愉悦个啥？再坚持了几天，更多的负面情绪出来了：心火大，死心眼儿，发脾气，还没劲儿发脾气……再这么下去恐怕要抑郁了。尽管他们说减肥是个技术活儿，可事实会告诉你，减肥其实是个力气活儿！需要使尽全身的力气去对抗食欲，直到你看到主食和肉类就跟看到毒药一样，对很多食物也变得不友好。这令我感到很愧疚，毕竟食物并没有像我这么小心眼儿。尤其是饥肠辘辘的冬夜，走在回家的路上，炸酥肉、烤鱿鱼、炒毛栗子、豆皮涮牛肚……这些闪耀着黄金色泽的食物，不计前嫌，依旧用馥郁的香气热情地招呼我："来吃呀，来尝呀！干吗不呢？！"

为了不纠结，不患得患失，向食物投降投得更义无反顾些，我还融合了身体美学方面的思考。比如，类似"身体都管理不好，还能管理好人生吗？"这种话，一旦成为不容置疑的真理，就变得很可疑。所谓管理身体，管理情绪，管来管去是想把自己管成整齐划一、完美无缺的机器型人才吗？这难道不是人类面对机器人时代的集体焦虑？说得好像早一天向全能偶像看齐，就能不被偶像抛弃似的。

睡觉打卡，越打越卡

小朋友津津乐道他的那些睡眠奇遇，就像回忆不小心吃到的几颗特别好吃的糖。下午上课时，老师在讲一道题，他手里做着笔记，写完了一句话，不小心打起了盹儿，梦见自己在高速公路上空飞……猛然被同桌吵醒，问他刚才老师讲的那句话说的啥。梦里情节还历历在目，他记得低头看到飞过了好多个收费站，大约飞了有上千公里——而此刻，老师还在讲那道题，同桌正在记录刚才他听到的那句话。估计睡着的时间最多两秒钟，他却已经翱翔了上千公里。

还有一次午睡，他在 13:40 醒来将闹钟按停，又不小心睡着，梦见自己在玩真人版“Minecraft”，盖了房子，建立了王国，储备了很多物资，参加了一场混战……中弹醒来的他第一个念头是：“完了！迟到了！可能两节课都上完了！”一看表，13:42。也就是说，自己用了两分钟时间玩了一场几个小时才能打完的网游，不由得窃喜：这一觉简直太值了吧？可此类睡眠太罕见，多数情况是，不小心闭上眼，再睁开已过三个小时，就像被打晕过去了一样。

这听得我好生羡慕。无论是晕过去一样的，还是一闭眼就飞了上千公里的睡眠，都是可遇不可求的好睡眠。为了睡个好觉，成年人可谓想尽办法，比如通过手机 App、护眼仪或智能手环的麦克风和加速度感应器检测每个睡眠周期，在设定的时间范围内选择最佳的时间响起闹钟。现代科技已经能够监测到睡眠波段，估计不远的将来，介入乃至控制梦境都将不是问题了。如今就连卖护眼仪的微商，中午都要戴上护眼仪拍照发个朋友圈，说这叫“午休打卡”。

打卡是为了更有效率地利用时间，为了对抗现代人普遍存在的在时间流逝中的焦虑。村上春树的办法是：“既有时间夺走的东西，又有时间给予的东西。把时间拉向自己这边是一项重要工作。”村上春树的小说里的人物都和他一样，具有极强的自我管理能力，无论怎么颓丧，都要控制情绪，锻炼身体，认真吃饭，按时休息。打卡本质上是一种计算，或算计，用数据时代的说法是一种算法。然而上班打卡、吃饭打卡、锻炼打卡、背单词打卡也就罢了，现在连睡觉也要打卡了！估计连村上春树都要焦虑了，这人工智能的手伸得太长了吧？做梦很有可能是人类最后一点可以自由翱翔的空间了，也要被人工智能控制了吗？

说到人工智能，历史学家尤瓦尔·赫拉利不无担忧，在人类对算法的依赖越来越强的未来，大数据算法可靠性提升的同时，人类感受的可靠性也降低了。届时，安娜·卡列尼娜会拿出智能手机，问问脸谱网算法，她是继续和卡列宁长相厮守，还是和时髦的渥伦斯基伯爵私奔。麦克白也不必纠结是听从妻子的话杀了邓肯国王，还是听从良心放过他。伊丽莎白不必经历长长的选择困惑，她可以直接问算法，是嫁给柯林斯先生，还是达西先生。如果智能手环让普鲁斯特一闭上眼就是一万年，睁开眼才过去了一秒钟，那《追忆似水年华》也不用追忆了。毕竟，小说一开始就花了 35 页描写作者经历的各种似醒非醒、朦朦胧胧的奇幻睡眠：“在很长一段时期里，我都是早早就躺下了。有时候，蜡烛才灭，我的眼皮随即合上，都来不及咕哝一句：‘我要睡着了。’半小时之后，我才想到应该睡觉；这一想，我反倒清醒过来。我打算把自以为还捏在手里的书放好，吹灭灯火。睡着那会儿，我一直在思考刚才读的那本书，只是思路有点特别；我总觉得书里说的事，什么教堂呀，四重奏呀，弗朗索瓦一世和查理五世争强斗胜呀，全都同我直接有关。这种念头直到我醒来之后还延续了好几秒；它倒是与我的理性不很相悖，只是像眼罩似的蒙住我的眼睛，使我一时觉察不到烛火已经熄灭。后来，它开始变得令人费解，好像是上一辈子的思想，经过还魂转世来到我的面前……”

看上去，普鲁斯特对这种质量不怎么高的睡眠颇为享受，所以，想必他为了捍卫自己半梦半醒的权利，会不惜拖现代科学后腿，举双手反对使用人工智能控制睡眠，并祝那些连睡觉都要打卡的人越打越卡。

在火车上幸福地啃烧鸡

小时候，春运曾经是娜拉最喜欢的一个活动。距离过年还有两个月的时候，娜拉的妈妈就会去买布料，给娜拉远在老家的表姐妹做衣服，刚出生的表弟、马上要出生的表妹也都不会落下。一边做，一边发愁，这么些衣服，又是一大包行李！随之又安慰自己，好在娜拉大了，不用抱在怀里了，可以腾出手来拎行李。

一家人站在车站广场上等车时，就显示出行李的好处了，娜拉和姐姐都争着把那件塞满衣服的行李当“沙发”。有一次，姐姐抢了大行李包坐下，结果被爸爸一通臭骂。不是因为不让妹妹坐“沙发”，而是因为那个行李包里有给老家人带的烧鸡，被姐姐坐烂了。娜拉记得自己当时气哭了，不是因为没抢上沙发，而是即便烧鸡烂了，妈妈也不让她动，说要留着给爷爷奶奶。

爸爸现在提及二十多年前的春运，还会头大。有一年，实在是买不到票，寻思着先挤上去再补票。一家人站在人流汹涌的站台上，就跟站在洪水中一样，一浪一浪的人们向车门的方向挤，一浪一浪的人们被挤得连连后退。爸爸急了，准备把娜拉从车窗递给坐在窗口的一个妇女，然后去人潮中给妈妈、姐姐开辟道路。娜拉的记忆里，她忽然发现自己被举得高高的，眼前人山人海，她被一双不认识的手接过去。她慌了，正要扭动挣扎着不进车窗，爸爸哄她：“乖，让姑姑抱，爸爸给你买烧鸡，一会儿就来！”那位不认识的“姑姑”指着站台转移娜拉的注意力。娜拉一眼瞥见站台上正在摆摊卖的烧鸡，在灯泡的照耀下，红光发亮，晶莹灿烂，而烧鸡的香味——用世界上所有的好词汇都没法形容它的美——穿过汗味儿、臭味儿，钻进娜拉的鼻子，娜拉的口水混合着泪水流下来。小时候，爸爸骗过娜拉无数次，娜拉也习惯了，大人们说话没个准儿的。可是，只有这一回，娜拉怎么也忘不了当时的绝望：爸爸上来了，提着大包小包，根本没有手拿烧鸡！

站台上那一排灯光下红亮的烧鸡，成了娜拉对火车、站台和旅途生活图腾般的向往。后来娜拉全家调回了 × 市，也许父母深受春运之苦，所以娜拉从大学到工作都在 × 市，并没有机会参加浩大的春运行动，也一直没机会在火车上幸福地啃烧鸡。

不过，说娜拉从没机会加入春运大潮也不完全准确。上大学时，有一次娜拉为了接近学校的一位“男神”，谎称有亲戚在“男神”家乡的城市，寒假到来前便托他一起买了火车票，要去他的家乡。尽管买了全价票，尽管是硬座，尽管要直挺挺地坐一夜，但一想到将有一整夜和她的“男神”零距离接触，娜拉只恨这一夜不够长，堪比卖炭翁“心忧炭贱愿天寒”的心情。为此，娜拉专门跑到市里著名的美食街订了一只烧鸡，畅想着和“男神”一起在火车上相对而坐，对着流动的风景喝啤酒，啃烧鸡，一定比在西餐厅里对着烛光切牛排、呷红酒更帅吧？煞风景的是，落座后娜拉恼火地发现，自己和“男神”的座位不在一起，她邻座的那个“死胖子”还打了一夜的牌。为了不跟胖子打招呼，坐在窗口的娜拉就不出去，就不去卫生间，为了跟自己的爱情赌气，她憋了一夜。

火车似乎从来没给娜拉带来过期许中的浪漫。婚后的娜拉，又加入了春运大军，每年春节，一家三口要去婆家过年。火车经过一个车站时，娜拉专门到站台上买烧鸡，已经找不到小时候那种寒夜灯下红亮的烧鸡，只有小推车上那种塑封烧鸡，透过塑料隐约可见鸡肉可疑的红色。也许是因为火车上早晨起床后的桥段实在是一地鸡毛，争厕所、漱洗池，抢占给手机充电的电源插座，也许是去的那个“老家”，一点也不像小时候那么令人期待——老公去会老同学，儿子跟表姐妹们疯，而娜拉不仅要当好“老婆”“妈妈”，还要扮演好“儿媳妇”“嫂子”“婶娘”“舅妈”这许多她一点也不擅长的角色……一想到这些，看儿子啃着鸡腿，娜拉却一口也吃不下。

车窗外，一轮红日从江面跃出，娜拉忽然想起了十年前自导自演的那场旅行，好像也不是没有令人心动的桥段。清晨，胖子没精神打牌了，“男神”和他换了座位，娜拉听到他在耳边小声说：“马上要过长江大桥了。到了大桥，广播里会播放《巍巍钟山迎朝阳》……”两人在雄壮的歌声里，看到了江面喷薄的日出，有一瞬间，荷尔蒙也像朝阳一样冉冉升起，熊熊燃烧。接下来，尽管有激昂嘹亮的歌声做掩饰，他还是没敢拉她的手，她也没好意思取出烧鸡……再接下来，生活就如同铁轨上的火车，裹挟着噪音、烦恼、平庸、琐碎，沿着它既定的轨道滚滚向前。

从江湖策马到天涯看花

顾先生的理想是开一家民宿，实在开不了的话，能在民宿里住上一整个夏天也成，看窗外花开花谢，云卷云舒，浮云苍狗，鸳鸯蝴蝶……而他面临的现实，是先把自己的单元房租出去。

为了孩子上学，顾先生不得不租住学区房，于是也不得不隔三差五地把他那个有产权的单元房出租。每次租房过程对顾先生来说都是一场折磨，租户会要求装空调，修马桶，通网络……他也不是没想过，如果孩子毕业了，要不要住回去。可是他每去处理一次租房的事，就嫌弃一次那套房子。虽然绿化带变成了停车场，还是没地方放车；买房时说好的人工湖缩水成了个小鱼池，说好的阳光露台也被对面更高的楼遮挡住了大部分光线；附近拔地而起的高楼越来越多，显得小区楼与楼之间越来越逼仄，进去后就像走进一个水泥丛林，心情无端恶劣……然而地球人都知道，如今的房产就像工作一样，代表着安全感、保障和阶层。有房的话，可能会焦虑；没有房的话，一定会恐慌。房产和工作，都是那种安全气囊一样的东西，能够缓解生活的碾压，但有时候，碾压你的却也是它们。

顾先生不敢大声说出他的困惑，就像一个衣食无忧的女人对老公的怨怼，并不敢真的让对方听到，也不敢真的放弃什么。倘若放弃了，用一句话说，“一夜回到奋斗前”。可是现在难道不是总有人念念不忘从前？从前慢，住草房、瓦房、平房……那不就是民宿吗？如今民宿也成热词了吧？顾先生在小区门口的苍蝇馆子等租客时，隔壁桌上一对妖冶男女也在议论怎样开一家民宿。听到满大街都在议论民宿，就像看到提着菜篮子的大妈们都冲到股市去了一样，顾先生忽然感到莫名沮丧。不知何时，开一家民宿成了一种全民理想。

往年都是守株待兔地等租户，准租户的身影一出现，顾先生就恨不得将之扑倒，几乎是无底线优惠求出租，以至于一听到租客准备撤场的电话，他简直想跟着撤离算了。好在今年租房形势有了变化，一种新型中介如雨后春笋般涌现出来，承诺把你的房屋简单装修一下，转租给在城市打拼需要单间的小白领们。

顾先生想，他和小白领们有个共同点，都是在用时间换取空间。小白领住租来的小单间，他们的梦想就是挣钱买一套这样的单元房。若干年后的小白领们，也就是现在有了单元房的顾先生，梦想着拥有一套民宿……而这一步步扩充的空间，仿佛意味着一步步提升的生活质量。可是，要实现这种质地的生活，无论是小白领，还是顾先生，都得先用时间换钱，再用钱来买各种提速——衣食住行全方位无死角的提速：快递、外卖、快捷酒店、滴滴快车……提速目的是等退休以后，找个人不多的镇子，房前栽花，屋后种菜，养些猫猫狗狗，闲来写写画画，早上在巷口晒太阳，晚上在杏花树下喝酒……这就是都市法则中“未来的幸福”——曾经的“江湖策马”，是为了将来的“天涯看花”。换句话说，未来的闲暇、宁静和幸福是用现在的蜗居和提速换来的，是以否定现在的空间和时间为代价的。

那么问题来了，那样的幸福时光是有代价的——要么是有足够的钱，要么是在钱花光之前及时死掉。前者需要一步不落地把生命和时间压榨到极限，实现所谓的“财务自由”，后者更是以不要活太长为代价。一想到这种幸福时光其实是有条件的，顾先生顿时“累觉不爱”了。

二 世相

鸡蛋炒得很梵高

朋友小柳弄了个群，把她认识的所有的女性朋友都拉进来，准备展开全球购，在群里推销面膜、口红什么的。小柳的娃刚上了幼儿园，她因而忽然解脱，就像忽然出笼的小兽尽情奔向大森林，以为大森林也像她一样欢喜。可是小柳的一厢情愿经历了重大挫折，被她拉进群的表姐发了一篇《购买化妆品要小心，微商全球购陷阱多》的链接。在一个推销群里发这样正义感爆棚的消息简直就是明目张胆地砸场子，埋下了不能一起好好玩耍的种子。小柳的表姐曾经当过老师，在朋友圈里的点评也像是在批改作业，会用一些毋庸置疑的语气对弟妹小辈们指点人生。从前，表姐说“都是为你好”之类的金玉良言时，小柳也会配合着发个假惺惺的感谢，但此后，既然这个潜在客户已经没有商业价值了，表姐再发表这些无比正确的废话时，小柳便果断潜水，再不吱声。

朋友松姐在朋友圈发了在自家小院经营民宿的照片，她的一位朋友看到她优哉游哉的神仙状态时，在下面评论说：“想你了啊，哪天我去看看你的院子？”松姐说：“你若想见我，就找地方请我吃饭。”对方没听懂，继续说：“我哪天路过你家，就来坐坐。”松姐回答：“我的意思是，你若想见我，请我到你附近吃饭，不是到我家附近。”我们一众围观者透过屏幕都能感觉到这位朋友的尴尬。之后，松姐在院子的照片下面点评这一场“小撕”时说：

“她不是想见我，只是对院子好奇。对院子好奇，顺便做好人，说是来看望我。哼！我是不是应该诚惶诚恐，感谢领导莅临检查工作？”

可见朋友圈堪称友谊的试金石，目的稍不单纯就会擦枪走火。小柳是因为套路太浅，利用人情做生意，表姐看不惯发声，导致两人友谊的小船翻了个底朝天。松姐是因为套路太深，生意和生活纠缠不清，她在说生意，朋友以为在说人情，图穷匕见后不欢而散。

那么朋友圈里有没有正确的聊天模式呢？有啊，那些只有趣味、没有心机的聊天都是好聊天。比如我的美院同窗虫发了一张对焦不清的照片，说到他开车时邂逅一位长发及腰的女司机：“四目相对，我脸红到脚跟，随即从反光镜里抓拍一张，养眼。”评论者众。过了一会儿，他自己点评：“大数据显示……关心美女具体有没有的女性占 100%，关心开车安全的男性占 80%，还有 0.5% 的关心我，让我少抽烟，谢谢！”

话说在“帝都”混的虫这几天在朋友圈不是一般的活跃，就连蒸了馒头、炒个鸡蛋也要拍出来秀。我脑洞有点大，评论道：“一看就是最近发大财的节奏。”他秒回：“我要是发财，起码还不咥个扯面？！”我说：“帝都房价涨成火箭了，还不咥一盆小龙虾？”虫不愧是我见过的最会聊天的人，他能够成功避开一切敏感话题——政治、经济、人情、阶层……可是除了这些，朋友圈还有什么好聊的？有啊，看看虫咋说的：“你的思维跨度太大，我们还是聊聊我们的艺术吧！”我说：“好吧，鸡蛋炒得真梵高。”他说：“我喜欢馒头蒸得很八大。”

酱醋茶扮成诗酒花

微信朋友圈有其暗黑的一面，比如说它满足了偷窥、暗恋、自恋、妄想、呓语等多元化癖好。但它之所以成为现代人不可或缺的生活方式，也是因为它有诗意的一面。比如朋友圈里的互相走访，大多没有目的，没有理由，乘兴而去，未至而归，就像王子猷雪夜访戴安道一样。“想他/她了”这个理由，单纯得就像雪夜的月光。

可是，据说不久的将来，朋友圈可能会消失，不是因为又有了更高级的社交神器，而是朋友圈有可能会逐渐地被各种微商所覆盖。届时，朋友圈那诗意的乐趣会慢慢地变味，就像幼子稚童总有一天会长成心机成人。所谓成年人的标志，就是不会再过无目的的生活，哪怕看上去很美好。

当朋友圈被刷屏的微商占领后，你或许会放弃它，转战订阅号。可是，如果说朋友圈是原生态小作坊，订阅号就是一个个诱人的橱窗，也少不了“想要美味又低脂的美食，快来看看这个吧”这类硬邦邦的推销，或者类似“生活就是要兴致勃勃地探索如何取悦自己”的软广。对了，这些软广也不是没有幽默感啊。比如刚才那个软广，打死也想不到图穷匕见后是一款日历广告，告诉你：“当‘撕’已经变成了一种仪式，她在提示你一天的开始或结束，告诉你珍视时间，于是‘撕’变得有了郑重感。”这些软文的有趣之处，在于不看到最后，你永远也不知道它的醉翁之意。比如一个曾经喜欢的大号开始明目张胆地发广告——“维密超模都爱用，除了口红就是它”。不点开吧，挺好奇，点开吧，原来是在推销一款刷毛器。

广告软文和文章之间看上去很像，但它们之间微妙的区别是，文章要有立场，而软文重在利益。比如一个号翻脸比翻书还快，昨天才告诉你“我已经不想取悦任何人”，今天又宣称“懂生活的人，会用心经营自己的朋友圈”。

一切有感染力的软文，其实都是有套路的。含蓄型的会用桀骜不驯或放浪不羁的态度来获取精神优越和自信，从而“引领你的消费方向”；直白型的会赤裸裸地用社会地位和阶层感来诱惑，就如同有家服装公司宣称，他们家西装能带给所有男人一种尊严。这种尊严类似于公司对销售人员的要求。销售人员必须举止得体、彬彬有礼，正如他们的员工训练备忘录里所说，既不要像收税官那样不苟言笑，也不能像算命先生一样油腔滑调……

这一点，我的朋友 G 画家做到了极致。有客官去找他买画，他却一直不给对方询问价钱乃至讨价还价的机会。他会从自己画案上的一方寿山石聊起，聊到茶壶，文玩核桃——公子帽、满天星、四座楼……当听到他说最近看中了一对文玩核桃，一直没敢下手时，对方早已“不明觉厉”，衷心替那对核桃感到幸运，毕竟它们被一位艺术家相中了，而自己也何其幸运，艺术家想必会允许自己为他入手这对核桃效犬马之力吧？

看出来了没？推销的艺术就是，即便是酱醋茶，也会把它装扮成诗酒花。G 决不会说自己其实在给孩子挣奶粉钱。君子爱财，取之有道，不怕有欲望，只怕欲望太 low（低级）。说白了，这个欲望，必须高大上到跟生计、劳碌、一地鸡毛的现实生活没关系，才能撇清 G 这个不食人间烟火的“艺术家”和为五斗米折腰的匠人，以及无利不起早的商贾之间令人尴尬的关系。

最在乎的微信群

L 小姐逐渐发现，她最不爱说话的群是高中同学群。在这个群里，她发现自己说话总是有点变形，有点夸张，有点不像自己。虽然 L 小姐审慎措辞，但还是会心虚，会为说过的某句话感到后悔，会为发的某个表情感到脸红。也许因为太在意、太慎重，所以不放松。

为了赴高中同学十年聚会，L 小姐从妆容、礼服、首饰到鞋包都进行了精心的搭配，准备得比参加公司年会还充分。而 L 小姐的舍友，那几个班上最作的女生，也以各自的方式狠刷存在感。A 的表情有点僵硬，不知是故作高冷，还是打了玻尿酸；B 还是打着官腔张罗指挥，提醒大家不要忘了她刚刚晋升了职位；C 一如既往通过对 B 冷嘲热讽来秀智商，晒眼光；而 D，依旧认定自己是晚会上的公主，姗姗来迟，L 小姐宁愿相信她是故意的……

的确，在这个群里，L 小姐不怎么说话，也极少回应，不和任何人打情骂俏，但是这个群里每一条消息她都不会错过。她不会在这个群里发广告，就像不忍心在某个地方丢垃圾。有人说，那是因为太在乎，毕竟人越小，情感越纯真。倘若果真如此，那么小学同学的感情应该最真挚，可是在小学群，L 小姐很放松。如今小学同学聚会，有兴趣的话，L 小姐不等有人招呼她，就会赶去参加，哪怕粗服布衣，好像刚从哪个广场舞的场子下来。没兴趣的话，无论他们在群里怎么煽呼，她都会潜水，憋着不冒泡。L小姐根本不在乎同学们对自己的印象，也懒得对从前的形象进行任何重塑。小学时他们都没有定型，想象不了以后的彼此会是什么样子。L小姐所有的小学同桌都跟她打过架，或者说她都挨过他们的打。对他们来说，不论L小姐以后变成什么样子，都不会感到太奇怪。他们互相接受以后的对方，就像接受一个崭新的陌生人。

L小姐在大学群也表现得很自然。大学时候，同学们已经学会把自己打磨得很圆滑，L小姐甚至会很从容地在大学群里发广告，就像从前在晚自习教室里卖方便面。对了，广告最能反映一个人对待群的态度。如果一个人在群里肆无忌惮地发广告，那他就是觉得，这个群里的人相互之间都不过是商业上的来往，猪往前拱，鸡往后刨，谁也别嫌弃谁吃相难看。

约翰·伯格在《我们在此相遇》里说："如果你非哭不可，……那就事后再哭，绝对不要当场哭！记住这点。除非你是和那些爱你的人在一起，只和那些爱你的人在一起——若真是这样，你已经够幸运了，因为不可能有太多爱你的人……"这种感觉实在很"中二"。高中的L们正是这样，情感敏锐度最高，感知力最强，憋着泪，也憋着笑，互相飙着劲儿，却都装作不在乎对方。

而成年的L小姐一进入高中群，当年那个无比自恋的"中二"女生又会成功附体。那时的L们，爱的时候不会戴盔甲，恨的时候也不会戴面具，互相陪伴，也相互伤害。唯一没有的，是交换。当商业的尘嚣吞没了他们和他们的爱恨，偶尔在微信里遥遥相望，以为自己还青春年少，以为彼此还那么爱，那么恨，那么在乎，却又装作毫不在意。

对群有感情，才会对抢红包热情

春节期间，小朋友加入了一个叫“猪年学猪叫”的本班同学微信群。他说，平时一角硬币掉地上都没人捡，还被踩来踩去，春节群里抢几分钱红包却全凭手速，肉眼可见有红包出没之际，点开已经“手慢无”了。陆续有同学被拉进来，有人初来乍到，不明真相，发了六元的红包，后来发现群里发红包的最高限是一角，不由得后悔：早知如此，这六元可以发 100 次了。还有人“视金钱如粪土”，进来看了几眼，发现是个抢红包群，又不屑一顾地退出，埋头写作业去了。

小孩子抢红包关注“抢”的动作，老年人关注的是“抢”的姿态。年三十，我妈连“春晚”也顾不上细看，举着手机转进转出地痛斥：“老刘最小气了，只抢不发，真是越有钱越小气！”“老耿最傻，总是发红包，发太多大家都不好意思抢，想让给老许、老梁他们几个老实人，又让老刘不要脸抢去了！”看到老太太无比投入地抢红包，仿佛又回到了几十年前在单位争先进、争奖金的现场。跟我妈同样对红包充满热情的还有我弟媳，可我妈对此不无微词：“娃哭得拱成一张弓了，她顾不上安抚娃，倒有耐心安抚客户，忙着给客户拜年，抢红包……”不过啥功夫都不是白费的，弟媳在多年的哄客户过程中，发现了最优质的客户其实就在她身边，于是学会了哄好她最大的潜在客户——她老公。用我妈的话说：“哄老公可比哄客户性价比高太多了。”

热情的人都是相似的，冷淡的人各有各的冷淡。春节工作群里大佬们发红包，我都恨不得装没看见。对红包冷淡，可能是因为对这个群冷淡——不想在节假日还配合领导搞团建，不想在休息时还贱兮兮地望尘而拜、跪谢红包，不想在狂欢的微醺状态中还得与现实里的人际关系短兵相接。何况老板发红包的目的也不纯，不过是炸出些人气来给自己刷存在感，俯视众生在红包雨里人头攒动，不免会有呼风唤雨的错觉……不管怎样，工作群里的红包雨都与狂欢节众生平等的气氛无关，然而不抢也不行。有一年过节，我因为手机关了流量，还被老板打来电话追问，我很无奈，于是挣扎着勉强抢了个红包。

但我也不是对所有红包都没兴趣，“春晚”当晚就被节目带了节奏，从一个群冲到另一个群，就像电影《世界尽头》里的男主，回到自己年少时的小镇，从一个酒吧换到另一个酒吧，每个酒吧都在狂欢拥抱，兴高采烈……在一种上头了的气氛中，我在多年不联系的同学群里，一会儿“叫嚣乎东西”：“别的群的群主已经开始用大红包羞辱群员了，而我们的群主却还在拖延观望。正义的我如果被禁言，希望其他有识之士能接力下去。传递正能量，从我做起！”一会儿“隳突乎南北”：“过节了，谈钱太俗。我把降龙十八掌和九阴真经发给大家。愿同学们神功盖世，天下无敌！”……

节日里那酒醉般的狂欢，就像转瞬即逝的烟花。但和烟花不一样，烟花飘零寂灭，已消失不见了，可昨晚在群里的疯言疯语还挂在那儿，倘若后面没人接茬，说不定要明晃晃地挂一年。如此一想，好尴尬。即便是同学，多年过去也各有各的沧桑，心态早变了。别人都客客气气地拜年，只有我疯疯癫癫得好“中二”，好骚情……可一转念，想到这骚情，其实无关乎别人，只是在给自己的青春骚，也就释然了。

一年到头总需要找个场所，像烟花一样放飞一次自我吧。

小城女子图鉴

在我们这个八线小城里，不是没有能够搅动风云的奇女子，而是没有什么风云可供搅动的。小咪评鉴说，她见过最争强好胜的两位女子，是鱼姐姐和兔妹妹。

最近鱼姐姐做出了一个精明的决定，就是请个长期病假。因为最近机关高层换将，风雨欲来，看样子要重新洗牌了。鱼姐姐权衡良久，对同事小咪宣布了她的决定："平常的好处都是正处落下了，现在该他们顶包或表现了。我先撤了，回家好好料理料理家务，抓抓孩子学习是正经事。"她还说，"行政机关里这种争来争去，争的不过是谁坐的车档次高点儿，谁出差可以坐飞机，谁只能乘高铁；斗来斗去，学的都是些拉关系、跟路线的潜规则。学会了这些本事，在机关大门里都能得'不要不要的'，出了门会发现这身本事都是假本事，无论是商场、情场还是其他什么场，都用不上。在经年死水一样的机关里，高层用打太极来搅和，中层用手里的小权力当勺子来搅，底层没有工具，只好被搅得在这个污水坑里翻跟头打滚……"以上这些话，都是在鱼姐姐当上副处长以后说的，如今寻思着自己再也没有升职空间了，所以决定急流勇退。

小咪与其说是在劝诫，不如说是在"高级黑"。她说："在这种机关，虽然不能像《人民的名义》里那些大官一样呼风唤雨，也不像世界500强的公司一样有真金白银，但是重在参与嘛。如果等大家都搅匀了，你跑来分一碗，那时候会感觉你翻不起浪也就罢了，咋连个水都不会搅？还不如从一开始就搅，趁热给自己捞上一碗，管它是刷锅水，还是迷魂汤，先干为敬……”

说到兔妹妹，是把“好好生活”当作奋斗目标来认真追求的。她成天在群里跟一帮全职太太聊买买买，聊在哪儿做眉毛性价比最高，或者中午吃啥、下午吃啥。把这些当作兴趣爱好的话，也不失为一种生活情调，可是，无论什么武功，练得过于偏执的话，都容易走火入魔。在群里，兔妹妹会把自己说过的每一句话都当成绝对真理，就连吃个泡面，也会有意无意地碾压别人：嗨！你们这些也在吃泡面的，还不乖乖承认只有我的泡面是最有内涵和情调的泡面。你们吃泡面，那是慌不择路的、无可奈何的选择，而我的泡面，饱含着慵懒和幸福。“孩子上学，老公不在，终于可以轻松惬意地吃一碗泡面了耶！”兔妹妹每天在朋友圈里秀的其他生活都诸如此类。比如，她的孩子，那一定是世界上最聪明美丽、可爱懂事的宝宝；她的老公，必定是世界上最有情有义、有料有趣的老公……

借用小咪的毒舌，兔妹妹已经致力于变身为她的老公和孩子的一件行走的器官，她就是为他们而生而长的，他们想割哪块割哪块。既然如此，她当然急于向全世界宣布，她的付出是最有价值的。不过小咪还说了，八线怎么了？八线城市女子就没有图鉴了？虽然处境不一样，但感受是一样的啊。比如兔妹妹特别在意的是太太群里女人们对她的看法，如果有人敢说她的泡面不好，她的心情和争了十年处长没争上的鱼姐姐，以及《东京女子图鉴》里不断失恋、失婚的东京银座女高管，难道不是一样的吗？毕竟，那是她们唯一的战场。

子之程序，彼之乱码

M 一打开手机，QQ 群就跳出老师的叮咛："各位家长好！我们将迎来期中考试。复习时间非常紧张！希望各位家长能切实负起责任……"这段话 M 根本没看完，目前来说，这些消息是她最最反感的消息，它们提醒了她责任、义务、监督、惩罚、付费等等令人不悦的元素的存在。下面是家长们的回复："收到，非常感谢老师。一定会督促孩子做好考前这段时间的复习。根据复习计划，合理安排时间……"这段话不长，可是 M 依旧没有看完，其中的阿谀、顺从同样让她厌恶。这些家长都很紧张，他们不是在跟自己的娃和娃的学业杠劲，他们是在和自己的钱杠劲。

M 很好奇，这些家长中，有没有和自己一样在忙着谈恋爱的？应该没有。从给老师表忠心、誓师大会发言般的回复的字面上看，这些家长们就像一支部队。他们动作整齐地挣钱，买房，租房，陪读，听老师的话，跟学校步调一致，心无旁骛。走得急了，也有掉队的——有病了的，有离婚的，可是总有另一个义无反顾地顶上去，继续听老师的话，跟学校走，誓死完成培养德智体美劳全面发展的下一代的重任。

M 的儿子那天说同桌的妈妈，还有谁谁谁的家长也离婚了。M 听了舒了口气，这些家长总算都不是机器人，他们也有矛盾，会困惑于感情，会迷失在情欲中。可是这些掉队的人，终究是可耻的，他们没有按部就班地生活，挣钱，陪读……接下来，给孩子找对象，操办婚礼，带孙子，继续督促孩子给孙子挣钱，上名校，听老师的话跟学校走……

在他们做这些事的时候，M 离婚了，恋爱了，分手了，又在和她的新男人漫步在护城河畔。对啊，生活就是这么调戏她的，说好的什么年龄做什么事儿呢？说好的小升初的妈妈就该陪孩子全力以赴冲名校呢？抱歉，臣妾做不到啊！在 M 看来，名校不名校跟孩子的前程、快乐或幸福没有一毛钱关系。所以，子之程序，彼之乱码，别的家长为之奋斗终生的事业和目标，对她来说真的抵不住一场真诚又汹涌的爱情。

M 反而觉得，20 来岁时的恋爱，真的没有眼下的来得有滋味。那时候的爱情，因为知道自己不够好，也不够有力量，有可能 hold（把握）不住这段感情，于是内心总是焦虑的，急于向对方索要感情，确认关系。那种急功近利的心态，足以使得一段有弹性的关系变得又薄又脆，风一吹就碎了，化了。两性之间，应该是一种势均力敌的游戏，一个人玩不起了，另一个人也会疲惫和尴尬。谁都不是活雷锋。恋爱这场游戏的性质，使得它的欢娱性大于一切，包括声音、身体的探索和互动。一旦身体里没有荷尔蒙了，情感浓稠浑浊得跟浆糊一样调不动了，空气中都没有弹性了，还怎么玩得下去呢？

所以，M 甚至有资格同情一下在婚姻里不被爱着的男女们。他们有的进入了婚姻的倦怠期，相看两厌却不得不像两头牲口一样，拉着家庭的破车拼力向前。在最会恋爱的时节而不得恋爱，那种压抑，便纵有万种风情，更与何人说？他们有的也许有一场婚外情，可是这就是玩火，玩不好就成了自焚。至于伉俪恩爱到白头，那种人生跟中了奖一样。我们不能总瞄准天才、幸运儿、学霸的生活学习模式，要看的，是正常的、大概率的活法，还有在这些活法中，自己如何闪转腾挪，从而在云诡波谲的人生风浪里享受冲浪的快感，在风口浪尖尽量保持平衡。即便被生活风浪撂倒了，也要像汤姆·索亚调皮捣蛋被惩罚刷墙时一样嘚瑟：看看哥都有这么大一个墙刷，你有吗？

我希望我可以被猫养

最近被拉进一个叫“重度猫奴研究所”的爱猫群。即便没有猫，在群里“云吸猫”也很减压和治愈。

天天围观“铲屎官”们秀猫的盛世美颜，欣赏彼此发的猫视频和他们的跟风评价。“认真吃脚脚的小朋友最可爱。”“布丁这文身好社会。”“点点睡姿很放飞自我。”“包子胖得像块地毯。”……这才知道了，包子是个活泼好动的疯子，布丁是那种讨猫厌的猫，点点的眼神可以做成“生无可恋”的表情包。最帅的猫叫江小白，被一众“麻麻”各种表白赞美——“站可御，卧可萌”，连背影都“高大伟岸”。尽管小白“麻麻”吐槽，它“经常拿鼻孔看我”，“昨天钻进袋子撕卫生纸，一袋纸都是它的指甲孔”，但一众“铲屎官”仍然起哄，“长得这么心疼的，撕个纸咋咧”，还有人称“喜欢这种有性格的孩子”，放言“敢不敢叫我玩两天？我拿男友换一只江小白。不行的话，再搭两个钢筋锅。就两个，这是我全部家当，再多没有了”。

那个要拿男友换猫的“铲屎官”是包子“麻麻”，和男友吵架了，原因是嫌弃男友打呼噜。可猫也打呼噜，她却很享受，就像村上春树说：“将耳朵紧紧贴着猫咪的身体，那声音马上变得像夏末的海浪声，轰隆隆轰隆隆，听上去可响了。猫咪柔软的肚子随着呼吸缓缓起来，又落下去，缓缓起来，又落下去，就像刚刚诞生的地球。”她在群里没少吐槽男友，说他对给猫买玩具也有意见：“我躲在窗帘后让它抓几下就是玩了，还买这么贵的玩具干啥？！”有“铲屎官”想都不想就说：“你‘男票’这脾气多半是惯的，打一顿就好啦。”“铲屎官”们都是一伙的，就像苏童说爱猫成痴的多丽丝·莱辛，“写猫，也写男人。但似乎前者更为优雅且具自尊”。没办法呀，心里眼里有了猫，其他的人和事都黯然失色了。

与其他群相比，猫群里的发言更无厘头。有位“猫奴”顺手发了张她去猫咖啡“撸猫”的照片，说：“风里、雨里、霾里等你去吸猫，不见不散。”底下鸡一嘴、鸭一嘴的对话接龙是这样的：“你可以吸猫而我只能吸霾。”“你精神出轨了，你猫知道了会心碎的。”“你们都是外面有猫的人，而我上班一心给猫挣钱，下班回去就陪猫。上班看领导脸色，下班看猫脸色。”“所以我希望它们能够自力更生。”“我希望我可以被猫养。”……

有“铲屎官”忧心忡忡地发起讨论：出差了，猫怎么办？有人说，给猫放足了猫粮和猫砂。“猫奴”困惑，猫又不知道节制，它能清楚一天吃多少？万一它吃得兴起，一天把几天的猫粮吃完了怎么办？群友给的馊主意是，“你给它写个条子挂门上”。

群里还曾讨论要不要再养“二胎”：“猫的话可以考虑再养一只，人就算了。”“五咪家庭表示二咪刚刚好。”……

与家长群相同的是，“铲屎官”们也把猫叫“我孩子”“我儿子”，也会“刺猬说它娃光光，屎壳郎说它娃香香”，可与家长群里的戏精们不同，猫群单纯不油腻，堪称微信群里的一股清流。所以除了猫群，我的所有群，连家长群，都设置了消息免打扰。在家长群里，有娃干坏事了，你绝对不敢像在猫群里一样，看热闹不嫌事大地说：“捶它！”“盘它！”“把它揉到变形！”“加油！揉到模糊！”

流量有毒

邹小姐注册了一个网络平台的账号，每天趴在电脑前编辑上传内容，“上穷碧落下黄泉”地在网上扒拉图片配图。也许因为平台上吃瓜群众人数众多，她发的好多内容的阅读量都吓自己一跳。然后，邹小姐就知道了一个词——“流量”。后来她又注册了几个平台的账号，它们的游戏规则大同小异，最共同也是最核心的标准是“流量主”。换句话说，流量是自媒体的命根子，粉丝量、订阅数、阅读量等等最后都会换算成“流量”。“流量”大到一定程度能变现，再上一层楼的时候就会有商业价值。如果每篇内容的阅读量都在 10 万以上的话，那么这个自媒体已经有能力振臂一呼，发动个话题、引动潮流啥的了，这也许是人们做自媒体的终极意义所在。

当邹小姐的“流量主”到达一个标准后，平台编辑邀请邹小姐做直播。第一次直播以后，出于惯性的亢奋，邹小姐在朋友圈里发了个链接，表示欢迎围观和参与。邹小姐说：“欢迎才华横溢、风趣幽默、沉鱼落雁的你来跟我一起玩直播，红段子、黄段子都是口才，软实力、硬实力都是实力，欢迎跑调吹牛，胡扯瞎说。”让邹小姐诧异的是，点赞者寡，疑惑者众，甚至不少平时鲜有联系的人都会拐弯抹角地问她：“你为啥要搞这么个直播呢？”

是啊，为什么呢？邹小姐想起来，有段时间自己特别热衷于买小区门口那家牛肉饼店的牛肉饼。牛肉饼店门口总是排着长长的队，饼每出锅一次，就会给沉寂又紧张的队伍带来一场小小的骚动。前面的人开始缓慢地移动，中间的队伍开始兴奋地松动，后面的队伍也由于有了一点点希望而变得蠢蠢欲动。整个队伍都因为饼的香味荡起涟漪。这涟漪，吸引了更多犹豫的人们来排队。他们的加入，也使得队伍原先的最后一个人有了优越感和安全感，坚定了他排下去的信心。这种感受用一个热词来描述是“有毒”。中毒之后，排队这件事就变得有了魔力，好像不去排队就会错过什么。

做自媒体和排队一样，说没有快感也不对。比如计算流量，流量多了哪怕一点，就好像又斩获了些什么，虽然明知只有抵达金字塔顶端才能作威作福、称王称霸。和那些动辄点击量上六位数的大号相比，别说两个点击量，就是 200 个，也没多大意义。

当邹小姐意识到每天掰着指头数流量这事其实跟买买买一样空虚无聊的时候，已经不能自拔。如果有一篇内容点击量下到了三位数，她就如坐针毡，上蹿下跳地张罗上传新内容，然后再眼巴巴地等着数据变化。每十分钟她都要打开 App 刷新一下，看流量是否有所突破，再创新高。她一边放纵自己，一边安慰自己：也许正如村上春树所说的，任何事情，做着做着它的意义就出现了。

果然，意义出现了。在西雅图读高中的侄子暑假回来，有一天跟她聊天时，她手贱，又忍不住打开 App 看流量。小侄子看到后说：“国内就是好啊！我们那里玩直播，动作表情再夸张，围观也超不过 10 个人。有 1000 个阅读量的，都嚣张地以为他是贾斯汀呢！”当他瞥见邹小姐有一篇阅读量 180 万的文章，客气地恭维：

“你这篇文章的流量，已经超过有些国家的总人数了！”听他这么一说，邹小姐顿时存在感爆棚，又像打了鸡血一样，去数自己公众号上的总流量了。

辛德瑞拉们的买买买

商家们习惯把“双十一”开抢时间放在晚上12点，是不是因为这个点是变身为公主参加舞会的辛德瑞拉被打回原形，恢复成灰头土脸的女佣的时间点？难道是在提醒枕戈待旦的小仙女们，别犹豫了，你们不赶紧买买买，就会变回灰姑娘，滚回厨房拾豆子？

对于现代城市里越来越“原子化”的人们来说，一年里最嗨的节反正不是春节，看看春节期间满屏探亲访友的吐槽帖就知道了；也不是七天长假，长假已经变成一种关于旅游消费层级的检测仪；甚至不是情人节、圣诞节，这些洋节进口后，并未起到让花更好、月更圆、伉俪情更深的好作用，反而被火速商业化，将本就紧张的两性关系置于世俗的放大镜下，暴露出一袭华袍上的虱子。

过节的仪式感和盛大隆重、花团锦簇，对“单身汪”来说都是个刺激。过节是将平常的日子放大，放大平日的钟鸣鼎食，也放大平日的孤清冷寂。尤其是中国式过节，在众生平等的狂欢之下，藏着比赛般的碾压。

深秋时分，窗外更深露重，“扫货狂欢节”乘虚而入干掉了其他节。反正过节都得花钱，其他节花钱是为别人花，要拜山头，拉关系，打理人情世故，唯有“剁手节”花钱花得最纯粹，把看中的东西都放进购物车，就像参加田径比赛的选手，待发令枪一响，即刻冲将出去，体验疯狂扫货的速度与激情。“剁手”狂欢中，除了有占了便宜的快感，还像公众号软文所言，感觉“遇见了更好的自己”。

好吧，成年人的生活不易就不易在能够投入地、纯粹地做的事情已经寥寥无几了，还不好好享受？哪怕是个“花钱节”，反正花出去的是数据，而买回来的是满足。对于“人们为何会永无休止地更新消费欲望”的问题，柯林·坎贝尔在阐释社会学家齐美尔的时尚哲学时是这样回答的：“熟悉的事物不能令人感到满意，而那些尚未被体验过的事物就被认为可以体现渴望梦想的实现。”换句话说，新物品寄托了人们的白日梦，买买买具有使人梦想成真的神奇功效。

而有人加入这场狂欢是为了“有事做”，是潜意识里的一种社交需要。宅男宅女们用买买买来抵抗漫漫长夜，来慰藉没有粥可温，没人为你立黄昏的孤独。就如同刘亮程的散文《生意》里的桥段，买买提在龟兹古渡开了一家剃头店，但他对在小镇上做生意很不甘心。他的师父牙生劝他说：“人得有件事情在手上，大事小事都行。没钱花穷一点可以过去，没肉吃啃干馕嘛，没事情做这一天可咋过去。”小镇市场上有个卖鸡的老汉，要价高得离谱。老汉其实不是为了卖鸡，只是抱只鸡坐在那里，目的是跟每个来找他讨价还价的人磨磨嘴皮子。就像某宅男曾说，自己消解寂寞的方式是跟电商客服呛呛几句，也算是接触了点儿人间烟火。

齐格蒙·鲍曼在《流动的现代性》里说，现代社会是个“多元复杂而又快速运动”的世界，一切都变得越来越轻盈了。既然如此，不仅物质上需要更新换代，感情上也要有断舍离的心理承受力。人和人渐行渐远毕竟会影响情绪，更别说始乱终弃导致的鸡飞狗跳，然而扔掉一件东西就没那么难了。米兰·昆德拉把这种

“不可忍受的轻巧性质”描绘成现代生活的悲剧的中心。就像运动会对战争的替代，频繁地买和扔何尝不是对薄情时代人类情感关系的一种模拟演练——让人们从相濡以沫到相忘于江湖的过渡不那么痛苦，挥手自兹去，一别两宽。当伤筋动骨的“宅人”们不敢迈入一段关系的时候，且先投入买买买，在心理上亦能体会到一种辞旧迎新带来的治愈和提振。

“剁手节”后

“剁手节”后，买买买使得家务活儿里有一项工作升级了——扔垃圾。说到垃圾，垃圾们也很委屈，这些被归为垃圾的旧衣、旧书、旧床品，从前都是被清洗、被珍藏、被使用着的，如今怎么就成了垃圾了？不应该是越用越顺手，越用越劳苦功高的吗？不是。现实是：想要的理由只有一个，不想要的理由会有很多。比如很多东西用着用着就不喜欢了，不需要了；比如整理收纳方面的公众号会告诉你，旧衣服超过两年不穿的，一定不要再压箱底，否则这些旧衣物会产生怨气，最好果断处理。

而旧衣送人很有难度。据说就连某“快时尚品牌”每年也会焚烧 12 吨未出售的衣物，因为每周都要更新时尚款式，每批生产的衣物都有卖剩的情况，而过多的衣服连捐赠机构也消化不了，为了不占仓储，就会将它们定期焚毁。可这家公司已被指控，焚烧时染料和其他材质产生的大量有毒气体污染了大气。

在家里，这些被叫作垃圾和杂物的，它们的脸上并没有写着“我是垃圾，我没用了”，你得甄别这个东西还有没有用，有多大用，与空间的占用相比它的有用性是多大，与你收拾来收拾去所耗费的劳务相比值不值。除却对这件东西的情感因素，一旦换算成经济问题，就有个严酷的现实浮现出来：许多物品其实早就没用了，而保存着它们，只是因为舍不得。舍不得的不仅有买的时候千挑万选的工夫，还有和它一起经历过的悲欢离合。尽管这些旧衣服送人都没人要，可这些工夫和情感，抵不过寸土寸金的空间价格，也抵不过我们对新衣服、新用具的欲望。所以，这些东西就被叫作垃圾，必须扔，且立即执行。

现代社会，一切都变得越来越轻盈了。纤细的身躯，轻便的衣服和运动鞋，轻薄的移动电话，便携式的、移动的、一次性的东西变得受人青睐。为了“船小好调头”，很多大公司新型管理手段都变成了频频裁员。现代汽车技术培训，并不培训如何修理发动机，只培训换新零件。比尔·盖茨之所以成为创业界大神，正是因为他深谙现代社会的特质，他从不会像旧式的企业家一样想长期拥有油井、建筑物、机械或者铁路。盖茨曾经说，宁可将自己置于可能性的网络中，也不愿让自己局限于某一种特定的工作而使得自己麻木不仁、失去勇气。无疑，只有做一个快速而寡情的“移动选手”，才能在现代商业逐鹿中取得成功。如此一想，结合房价近十年来上涨的幅度，就会越扔越顺手。

可无论你怎么扔，总有垃圾从各个角落里冒出来，就像杂物能够自己生长一样，以至于扔不胜扔，扔的速度甚至赶不上买的速度。一边是痛心疾首地扔扔扔，一边是没完没了地买买买，总能发现更适合自己的东西，总有更好的物件在前面等着你。哲学家齐格蒙特·鲍曼说：“需要购买的东西是没完没了的。但是不管这张购物清单有多长，能够让人决定不再购买的方法，却无法在它上面找到。”

放马过来，咱们比比人鱼线

对上班族来说，最令人眼酸心痒的一个词就是“财务自由”，也可以说，这是每个“上班汪”的终极奋斗目标。啥叫“财务自由”？换句俗话说就是“有闲不差钱”，像秦腔《教学》台词里那位家道中落的纨绔子弟的意淫：“吃饭端的是玉石碗，尿盆上镶的是五彩蓝。过年过节把礼送满，绅五绅六都来舔……”

真正古代的“有闲”阶层，越不差钱越含蓄。就如同《红楼梦》里，从刘姥姥眼里看到的奢华，其实并不是大鱼大肉，而是用了十几道工序烹制出的一盘茄子。凡勃伦的《有闲阶级论》里说，奢华，是一种和审美有关的能力。比如《追忆似水年华》回忆里的音乐、宴会、美食、女友裙子上的绣花、用人们的教养和礼仪，使得普鲁斯特有资格说“幸福的岁月即是虚度的年华”。

说到“虚度年华”，我的一个画家朋友最擅长“烹制”这一款“有闲”。早上八九点，咱们在赶地铁，他方才大梦初醒，晒书房的窗户，配的文字是“桃花马上客，青山梦里人”；大热天的，咱还在跟客户磨嘴皮子，他发的微博已经在山里喝茶了，用的还是山泉——“一入山中暑气消，石板桥头细水潦。最是金乌藏树后，又取新茗石上烧。”春天，他晒的是“坐卧花间堪送老，我来应作浣花翁”；夏天，他说“南山闲，人为花忙”。不想画画了，他说“年来笔墨费精神，何如盘坐养纯真”；又想画画了，他说的是

“近日购得此纸，没事糟蹋几张”。画一株杂草，他说“野草无名当花赏”；画一块丑石头，他说“拙石有眼可观心”；画一条睡大觉的狗狗，他也有词儿，“歇即菩提”。

对于没时间去培养才艺的上班族，“你的幸福感和你的邻居息息相关”。我们的存在感，是在同一阶层中攀比出来的。比如老瞿，没事儿就站在院子里洗车，只要你从院子里经过，不管是去洗手间，还是去茶水间，都得经过老瞿的车。而且老瞿不会放过任何机会聊他的车，小到刚遭遇的剐蹭，大到去年走过的青藏路，那种狂热和事无巨细不亚于一个新手妈妈开口聊她的宝宝，仿佛只有自己拥有这个世界上唯一的奇迹。

而我的同事小冶，则用一天一身衣服、一周一款包包来刷存在感。阿威早就过了这个阶段了，他现在晒的是——跑步，不厌其烦地在朋友圈里晒自己跑过的路线图和公里数。阿威更为傲娇（傲娇，网络用语）的资本是，同样搭进去了人力、财力、物力，你们的车呀，包呀，跟我有毛关系？而人鱼线不但是我自己的，也可以是你们的。有了那款若隐若现的人鱼线，不但成功变身成“行走的荷尔蒙”，更暗示了自己的财力、魅力指数，从而拥有了约或不约的选择权和主动权。

也许我们要的不一定是所谓的“财务自由”，只是一种“有闲不差钱”的自信。而自信这玩意儿，有时候很不厚道地潜伏在一种居高临下的视角中，没办法跟别人比成功、比幸福时，就比玩物，比休闲，比文艺。实在没得比，放马过来，咱们比比人鱼线！

成为白瘦美的基本吃相

我的朋友小 Z，对吃和与吃有关的话题总是情有独钟，也许因为他小时候总是因为吃得多而被嫌弃。他们家出去做客，出门前，他妈妈会逼着他们兄弟三个一人吃半碗面——必须的，担心他们出去做客吃相凶残，把主人家吃到怕。不过遗憾的是，通常这半碗面丝毫不影响他们的战斗力。

我小时候也没少因为吃而受责难，而我被嫌弃的原因却和小 Z 相反，我妈嫌弃我太瘦，恨铁不成钢，期盼我一口吃成个胖子，经常给我盛过多的饭，导致我经常剩饭，一剩饭就会被威胁："吃不完，头割了给你灌下去！"我是个很严谨的孩子，会认真地想象"头割了灌下去"是个什么场景，但这画风太过于挑战想象力，实在想不出来。不知这句从未奏效的威胁，家长为何会反复使用。后来我有了小孩，辛辛苦苦做的饭，她吃进去一口，吐出来半口，气得我想揍她的时候，脑子里也会插播回放这句咒语。

不过这句威胁还是潜移默化地影响了我，至少培养了我尊重别人的劳动成果、爱惜食物的好习惯，直到不知什么时候开始，它变成了一个不好的习惯。出去跟朋友吃饭，我发现经常是对方"吃几口就饱了"，我总是"饱了还要再吃几口"。本来没觉得有啥问题，可是有一次，看到她在朋友圈里转发的《连体型都控制不好，怎能控制人生》，我好生惭愧。可不是吗？她说得对呀！可是，那些食物剩下好浪费，倒了好可惜！可是，贴上去一斤膘容易，减下来一丝肉都难，作为一个“胖纸”受的歧视还少吗？终于，我也学会了对食物狠心，要做到不内疚、不回头，只需将它们从热腾腾的美味佳肴变成冷冰冰的卡路里数据。就像美女对待追求自己的男人，要做到硬下心来，只需将他们送的礼物换算成人民币，哦不，换算成“美刀”。

后来，“吃货”成了生活品质的一种别称，“会吃”则是一种行走江湖的标配。就像有些男人，不管行不行，聊起女人和性，必须像一枚“行走的荷尔蒙”。直到我也终于变成了一个叶公好龙的“吃货”，通晓这里那里什么鱼好吃，聊起吃来眼睛闪闪发光，当真坐在饭局上，蜻蜓点水地夹几筷子说“我吃饱了”，然后就可以居高临下地看着其他人——举起筷子，落也不是，不落也不是。

这种幸灾乐祸的凝视，与“吃不完，头割了给你灌下去！”的威胁有什么区别呢？我们从前是按照妈妈的要求来猛吃，猛喝，猛捯菜，希望长成画报上的人参娃娃，用脂肪和肌肉给妈妈的手艺点赞，为整个家庭的形象工程增光添彩。现在，我对吃什么、怎么吃、吃多少貌似有了选择的自由，实际上，我发现自己进入了一个更为严苛的标准里。哲学家鲍德里亚说，现代社会“美丽之于女性，变成了宗教式绝对命令”，“美丽之所以成为一个如此绝对的命令，只是因为它是资本的一种形式”。打开电脑、电视，甚至连朋友圈都充斥着满屏的“锥子脸”，不瘦成“A4 腰”的话，“亚洲四大邪术”之一的各种美颜相机也救不了你。胆敢发全身照在朋友圈，一不留神就成了“买家秀”，继而从精神到物质状态会受到全面质疑。所以，一切与吃有关的姿态，其目的除了变得更高、更瘦、更白，直至抵达“2C 胸”“A4 腰”“i6 腿”，还有别的选择自由吗？

哎呦，我的大长腿

在我们公司，L 姐被称为“女神”，因为大家实在想不出更合适的称呼了。她一年四季穿长裙，有的曳地，有的不曳。那些裙子构成了她的坚实“底座”，支撑着她气宇轩昂的上半身，加上微微后仰的头颅，体现了鹤立鸡群的骄傲。虽然不知道她的骄傲从哪里来，但那种表明与各种“粉丝”保持距离的决心，从身体各个部位透溢出来。我问过不是穿短裤就是穿短裙的小咪：“你总是穿着暴露地从‘女神’身边经过，有没有感到‘珠玉在侧，觉我形秽’？”小咪说：“我觉得像撞见鬼了！”

我觉得小咪这么说不恰当，应该说撞见一条鱼。我有时会寻思，L 姐是不是没长腿，长的其实是一条鱼尾巴，所以要千方百计地掩盖它？在童话里，人腿代表着一份不愿意安分守己的欲望，所以安徒生安排海的女儿喝下巫婆的苦药后，美容手术就开启自动处理模式——鱼尾被劈成两条腿。但是有了两条腿的人鱼姑娘，虽然得以天天和心上人在一起，但代价是每天走路都像踩在刀尖上。这个隐喻没错，穿着长裙的 L 姐就没有这些贪嗔痴，她在公司里是最“身沉”的，以至于连主管也觉得指派她干活好麻烦。她的口头禅是：“我反正没有什么想法。”的确，L 姐对晋升加薪、福利奖金等任何物质、精神诱惑都无欲无求，不管用糖衣，还是用炮弹，她都岿然不动。她那一动不动的姿态表明了：“谁让我动，谁就动机不纯洁。”

跟L姐相反，W姐永远穿裤装，在办公室，她永远忙忙碌碌。W姐喜欢热闹，即便没有上级检查，来客户谈事也成。这时候，W姐就像是孤寂已久的草原牧民盼星星、盼月亮盼来了“远方的客人”，扎着手冲过来，冲过去，指挥小咪“抹桌子！摆凳子！”，使唤小F“拿茶叶！用纸杯子！”，或者客人刚一落座，她就会请他站起来，重新给他安排座次，“坐这张椅子，这张舒服”……W姐有本事嘘寒问暖、热情洋溢到直至客人走也没来得及喝上一口水。尽管W姐闲不住，但是，如果你以为她喜欢干活儿，那就是个天大的误解了。比如你揣度着W姐要去主管办公室，请她“顺便”帮忙取个文件，她会风一样地旋出去，丢下一句话：“没时间，没见我忙着吗？！”忙着，对于W姐就是一种“态度”，至于在忙什么和忙的效果，谁也不知道。

在L姐把她的腿紧紧地包在裙子里，W姐迈着她的小短腿跑来跑去的时候，小咪对待自己的大长腿可坦然多了，她一点也不介意把它充分暴露在光天化日之下。如果要分辨小咪对她今天约会的男人走心的程度，就看她今天穿的裙子长短。一般来说，裙子长短和走心程度成反比。可无论多么走心，小咪对新欢旧爱都没有对她的腿有耐心。如果出一道题：“小咪是爱男人，还是更爱自己的腿？”答案肯定是腿！她会把她的大长腿当作一片有待征讨的土地或一个想要去引诱的人那样探索：琢磨穿什么裙子，它显得更瘦，更白，更长；琢磨坐成什么姿态，它显得最优雅。她对她的大长腿绝不仅仅是溺爱，还有刻苦的训练，以让它每时每刻都保持最佳视觉效果。比如，她在办公室里也会跑来跑去，为的是“久坐腿上会有赘肉”；主管训话时，其他人都低眉敛首，只有小咪站得笔直，因为这样“对腿部塑型有好处”。

女王型人格

我承认，自从被拉进一个叫“醒醒吧”的群以来，时不时地会被群主玛吉吓到。

在这个群里，只有群主玛吉每天在晒她的院子、猫、狗和植物，其他上百个群成员都在沉默地围观。大家也不是不能开口，只是一开口就会自讨没趣。比如G妹妹为了迎合这个群的高冷气质，用“一片冰心在玉壶”来描述自己平时对朋友们的赤诚相待，被玛吉直怼：“那我们这些没长冰心不带玉壶的人都不配跟你来往，我们只有油盐酱醋壶好吧。”G妹妹进一步解释说，不好意思，自己心情不太好，最近失恋，求安慰，求陪伴，到处找朋友倾诉，得到的却是“冰冷坚定的拒绝和淡然的推脱”。玛吉非但没安慰她，还果断补刀：“朋友又不是暖宝宝，凭啥要暖你永远也暖不热的冰碴子、玻璃心？”

本以为玛吉只是看谁状态衰才当头棒喝“贱人，我为什么要帮你”，后来发现，朋友们状态太好也会被骂，在朋友圈晒作品的，被她骂说“人碎嘴就碎，人酸笔就酸”，就连晒蓝天白云的，她也冷嘲热讽说“天有不测风云”。Y姐姐的孩子考上了哈佛，在朋友圈晒奖学金，被她刻薄“仙鹤蛋下在了鸡窝里”。也有人说，玛吉早年离婚，孩子是奶奶带大的，跟她不亲，看见别人晒娃，她会妒极生恨，毕竟她儿子连大学都没考上……Y姐姐说自己强忍着没回一句："那也比仙鹤下了个鸡蛋强吧？！"

话说玛吉一直自比不食人间烟火的仙鹤。她从前开过一家书吧，偶尔举办一些活动，比如主题冷餐会、读书会、摇滚民谣欣赏、小型画展。借这个书吧，玛吉结识了一批文艺才俊，这些才子佳人有了生活或情感上的困惑，会向玛吉倾吐。情史丰富的玛吉，拥有对这些情感上的疑难杂症手到病除的"特异功能"。用玛吉曾经的铁杆粉丝 G 妹妹的话说，玛吉擅长使用禅宗里的棒喝，一语惊醒梦中人。换句话说，玛吉面对问题从不"稀泥抹光墙"，她只会用残酷的人生真相点醒对方。这真相，有时候会伤人，但更多的时候，听了太多漂亮假话的人会感到醍醐灌顶。

书吧关门后，不甘寂寞的玛吉把从前喜欢光顾书吧的老友陆续拉进"醒醒吧"。可是，她没有意识到，进入了网络时代以后，人们的社交方式完全改变，并不需要一个场所就能找到灵魂上的同类，获取真相和观点也不那么困难了，对于那种站在一个莫名其妙的制高点上傲藐众生的姿态，也有了审美疲劳。醍醐灌顶不是不可以，提壶开水兜头泼就过分了；捅捅别人让他清醒也没错，可是用刀子捅，捅完再撒一把盐就不厚道了。

自以为历尽人间坎坷的玛吉，在"醒醒吧"里再说那些"世人皆醉我独醒"的疑似真话，看上去好似一场可笑的精神裸奔。在她的精神裸体秀上，以"原谅我不羁放纵爱自由"为由，不知不觉变身专门烹制毒鸡汤的"假仁波切"，为了让别人倾倒、臣服，甚至不无得意地撕开伤口给人看："你们知道我经历了什么？离婚，破产，被朋友背叛，你行不？你承受得起吗？"正值《权力的游戏》第七季热播，剧中各路女王争霸，玛吉这句话听上去好耳熟。剧中最后黑化了的女王们都说过类似的话，她们都经历了很多常人难以想象的黑暗：龙妈被虐待，被强暴；瑟曦被游街，被羞辱；珊莎怀着深仇大恨，嫁给各路杀父杀母仇人……女王型人格的人，前半生忍气吞声，忍辱负重，一旦时来运转，翻过身来，就会向从前压迫和规训她们的东西宣战！可是，有的人战斗得太过投入，战着战着就和那些曾经反抗过的黑暗混为一体，难分你我。

万一成网红了呢

学院助教 R 这段时间在玩直播。直播的缘起是，他注册了一个网络平台的账号，把自己平时发表过的文章放上去，好像点击量比微信公众号多些，于是顺手下载了这个平台的直播 App，做了一期讲座性质的直播，还在朋友圈里发了预告和链接邀请朋友们围观。

直播一结束，R 乘公交去郊外新校区的图书馆还书，久不联络的老友阿崇发来私信说："你的直播视频在朋友圈里疯转，点击量已经 10 万 + 了。大家都在问呢，那个光头靓仔是谁？听说我认识你，好多妹子求照片，求微信，求你给她们当老公。赶紧把你的照片发过来！要你平常最作的那种……"R 一听，好吧，宁可信其有，挑了几张美颜照发过去了，发完以后还纵容自己浮想联翩了一下：刚才直播的时候好紧张，紧张得自己过后都不忍回看，在摄像头面前和在一群呵欠连天的学生面前的感觉完全不同。也许是自己的紧张打动了观众呢？也许是自己闪闪发光的光头？也许是内容？自己的直播又不是喝水吃饭、卖唱卖萌，而是有料、有趣、有内涵的。阿崇毕竟是媒体圈的，说不定自己一不小心真成网红了呢，说不定呢！

R 想，万一自己走红了，千万得低调，毕竟自己不像同事老王那样谨小慎微，连副教授被不小心叫成教授都会严肃地纠正过来。

R 从小到大污点太多，帮人代过考、洗过文，换女友的频率太快，次数太多……这些黑记录中的任何一样被扒出来的话，将如何辩解？影响了生活怎么办？生活？到那时候，出版、热销、代言……生活圈子是不是早已经换了？

R 任自己脑洞大开，恍恍惚惚地坐过了站！慌慌张张往门口挤的时候被狠狠地踩了一脚，他愤愤地想：如果自己红了，谁也没机会推搡自己了吧？最近流量包用完了，这半天没上网，说不定这一会儿工夫自己已经红了？下车后，R 左顾右盼了半天，仔细观察周围的人看他的眼神并无异样，又放心，又不甘心。

电话响了，R 顿时心跳加速，寻思着该来的总是会来的啊。电话是老王打的："嗨，你走的时候没关电脑，我给你把电脑关了。"R 没好气地想，你打电话只为说关电脑吗？老王吭哧了半天，才说明天民主选举副主任，让 R 投他一票。

第二天投票时，大家在会议室里调侃，既然竞争这么激烈，也没人发扬风格效仿孔融让梨，干脆让候选人站在大厅比赛唱歌，谁唱得好就选谁，或者跳舞也成，或者干脆让候选人轮流请吃饭，看谁坚持的时间长就给谁投票……老王从前看到暴脾气、爱骂人的刘教授，总是能躲多远躲多远。这回见到容易血压高的老刘也来开会，赶着上前搀扶，还异常热情地跟老刘交流养生，牵肠挂肚地叮嘱他老人家千万要注意身体。老刘阴阳怪气地问 R："你咋不争取呢？你的条件也不错啊。"R 感觉老刘与其说是为自己感到惋惜，不如说他是为少了个撕架的人，少了场热闹看而感到遗憾。

看着老王的反常和滑稽，R 想，老王不过是这场仕途选秀游戏里被玩坏的一枚棋子。可是，自己在另一个秀场里，在围观的"吃瓜"群众眼里，是不是也像一枚可笑的棋子，动作笨拙，身不由己？

三 男女

雨滴与荷尔蒙

电影里涉及下雨的场面，一般都是在给某种激情做背景。比如说男主角和女主角争先恐后地冲进一场大雨中，拒绝打伞。不管他们最后是深情相拥了，还是相忘于江湖了，至少坚持淋雨这一举动，其实是在比拼谁的身体好，不感冒。就像酒鬼们猛灌啤酒而不上厕所，比拼谁憋得时间长，归根结底是一种荷尔蒙的 PK。

也不是所有的感情都要经历暴风骤雨。比如一对男女，他们不是夫妻，也非情侣，只是青梅竹马的小伙伴。错过了，觉得可惜；喜欢，却没条件继续，只能偶尔穿越大半个中国来看看你。

那一年，他去小镇找她。早春的蒙蒙细雨中，退思园里没有什么人，萧索寥落，别有一种寒素的空旷之美。他们在亭台廊榭间徘徊踟蹰，两个人戴着一副耳机，将有关下雨的歌一一地听过去。“最美的不是下雨天，是曾与你躲过雨的屋檐。”“就算大雨让这座城市颠倒，我会给你怀抱。受不了看见你背影来到，写下我度秒如年难捱的离骚。”……

还有一年冬天，她去山城看他。寒雨中的路灯很美，静谧，温馨，偶有骑车的人从身边的坡道上飞驰而下，让他们想起年少时另一个相似的夜晚。下了晚自习，他们一起从厂区后面的学校往山下走，也是这样的蜿蜒坡道，也是暖光路灯。下起了雨，路灯下，雨线如丝，晶莹璀璨，有种缓缓的、类似于时间停滞的浪漫感。他说了句："要是时间永远停在这一刻就好了。"感觉到他的手拉着自己，她却为此找借口：因为下坡，又是下雨，路滑。那个山城里，一条街到另一条街需要上下很多台阶。他们不谈过去，也不管未来，只埋头上台阶，下台阶。她走不动了，他背了她一段。他们还走进一片街心公园里的小树林，在雾气一样的雨里，一一分辨着树上的字迹："王玉 love 利平""让我们永远在一起"……

在阿根廷作家胡里奥·科塔萨尔笔下，雨不再是情感和记忆的背景，雨滴本身就是一个荷尔蒙饱满的生命体，饱满到炸裂。"雨下个不停，外面密匝匝灰蒙蒙，这里阳台上沉重凶狠的大雨点砸下来，跌得粉碎发出啪啪的声音，好像一个接一个地打耳光，真烦人。这时候在窗框上方出现了一个小水滴；面对要将它打碎化作万千熄灭的光点的天空而战抖，渐渐变大，左右摇晃，就要掉下去但没有掉下，暂时还没有。它用全部指甲抠住，不愿掉下去，眼看着它用牙齿死死咬住而肚子越来越大；终于成了大水滴，气派十足地挂着，突然嗖的一声，就这样，啪，粉碎，乌有，大理石上的一点水渍。然而也有自杀者和马上放弃者，刚在框边出现就从原地坠落；我仿佛看到跳跃的震颤，腾空的小腿儿以及令它们在沉迷中跌落化为乌有的呼声。……"你有没有从中读出一种"对抗实用主义和凡事讲求实际的可憎倾向"的天真之美？

正如西语文学知名译者范晔所说，对科塔萨尔来说，写作只是他的一种生活方式，他拒绝成为一名"职业"作家，"因为那就等于将生活当作职业。而生活，本该是日复一日的奇迹"。

那些被分手的尴尬瞬间

梁小姐说，有些事是不能细想的。比如哭着闹着要跟某人结婚，真是一件令人尴尬到骨头里的事，足够让人在许多年以后，一想起当时的场面，还恨不得把头埋在沙子里，钻到树洞里，跳到黄河里，在豆腐上撞晕过去……甚至影响到人对终身大事的选择，变得轻率而盲目。只要有人求婚，就赶快结吧，别叫我再经历那种哭着闹着求别人结婚的场面就好。

掐指一算，距离别人哭着闹着要跟梁小姐结婚已过去了十年。当时，梁小姐手风琴班上的一位同学——小刘先生向她表白，说想跟她结婚，并诚邀她加盟他家的家族企业。家族企业对梁小姐不无诱惑，可她还有文艺梦要做。在小刘先生的人生计划里，唱歌弹琴这些事只是细枝末节，有了是锦上花，不需要时是随时可修剪掉的旁枝别桠，可她咋就把这当个主干道在维修保养？于是小刘先生含恨退场……

梁小姐讲这个故事，是为了把自己说得很有脸，给自己后面的很没脸做铺垫。最没脸的要算她被离婚的时候，那一瞬间，世界都闭合了……说到这儿，梁小姐还是要辩解一下："这不是没离过婚嘛，经验不足嘛，见笑了呀！我当时哭着闹着不离，被狠狠离掉之后，还哭着闹着求复合……有时候想起这一出，简直想抽自己嘴巴，更想抽的是对方嘴巴，还想抽的是周围那些围观'吃瓜'

者的嘴巴。在一个带娃妇女被推下婚姻的泰坦尼克号的瞬间，这些人，有看热闹的，毫不掩饰自己幸灾乐祸的嘴脸；有跟着添乱的，竟然借着去说和的名义向男方借钱；还有人就像秃鹫，等着糟糠妻被离掉，好把自己的亲友推荐过去……”

梁小姐闺蜜小闵的男友和她老公是哥们儿。那一次，梁小姐请求他去游说，但被他委婉地拒绝了。他很聪明地知道，尽管梁小姐是在死马权当活马医，但死马还是死了。想不到风水轮流转，两年后小闵和老白勾搭上了，要跟她男友分手。她男友哭着闹着求复合，找梁小姐游说，也想死马权当活马医，被梁小姐清醒地提醒，死马真的死了。说的时候，梁小姐感到一阵痛快。

人生老赢家小闵也有不淡定的时候。她跟老白在一起的最后一程，大家都知道他们的关系要玩儿完。真玩儿完的时候，小闵生拉活拽地不肯分手，非要跟他继续上演你耕田来我织布的戏码。老白问：“你早干吗去了？”小闵哭得梨花带雨，私下里跟梁小姐说：“我早？我早也没看上他，晚也没看上他，可我就是不想面对一个人的深渊。”这一次，人们不是很热心，连看热闹的心都没了。小闵说，是因为自己不如梁小姐当时惨，不惨，就不好看。

梁小姐并不这么认为。她说被分手之所以难看，除了情绪上的失控，令人不忍直视的地方还有一段关系的不纯粹，甚至连结束都不干净，各有各的油腻。小闵的油腻点是她从来也没想过要在任何一棵树上吊死，光想让别人在她这棵树上吊死。而梁小姐的油腻点在于默认了自己是“一件令人不太满意的物品”，害怕失去“价格上的领先地位”。

真的“控油”勇士，就该有胆量面对油腻的人生。现在的梁小姐，已然能够坦然面对自己和其他人的尴尬瞬间，跟过去的自己说一声："你还好吧？放下吧，没啥！"用爱尔兰语言大师约翰·班维尔的话说，"在我们的一生之中，又有哪个时刻，生活不曾天翻地覆，一去不回头？"

分手也可以很塑料

阿魏的学弟蜂跟她吐露，自己有了一段婚外情，最近女方在闹，他在纠结要不要离了婚娶她……对，就是这种滥大街的“小三逼宫”的故事。

既然蜂能把她当大姐来倾诉，阿魏觉得自己就得有个知心姐姐的样子。她推心置腹地给蜂分析：“婚姻是男人的品牌。你的牌子倒了，客户和合作者对你的信任度是不是会打折扣？你抛家弃子地去追求你以为的真爱，含金量到底有多少？”蜂说：“学姐，你不了解，她很单纯，很善良！”阿魏冷笑说：“一个勾搭已婚人士的人能单纯到哪里去？如此‘真爱’，这年头一抓一大把，再别傻了！”

说到这儿，她发现蜂的脸色变得很难看，遂一转念，自己不过是要在他面前落个人情而已，何必碾压他的智商？蜂既然认为他们在一起金风玉露、天上人间，他的感情独一无二、白璧无瑕，就顺着说得了，他高兴就好。苦口婆心地规劝一个一心作死的人，何尝不是一种作死？作为朋友，你只需给他算算账，看他愿意花多少钱给这份至死不渝的“爱情”买单，人一提钱就清醒了。

果然，蜂想了两天，决定分手，但不想分得太狗血。他需要一个人来扮演棒打痴心人的坏人法海。在法海的“枪声”掩护下，当事人全身而退，日后或还可以“万事留一线，江湖好相见”。

阿魏答应下来，跟蜂对完了台词。蜂去赴约，一个被逼无奈、依依不舍的心碎男主角徐徐登场。扮演家中“霸道大姐”的阿魏应约于 9:20 给蜂打电话：“在哪？”蜂说：“在外面谈个事。”阿魏说：“谈个屁，赶紧往回走！老婆哭，娃娃哭，妈妈也哭，你到底要不要家了？！”蜂怯怯地说：“马上回……”半小时后，蜂发微信请阿魏再打个电话。“大姐”抖擞精神酝酿好情绪：“你肯定是跟她在一起，叫她接电话！”只听电话那边推推让让，最后女主角怯怯地接了电话。阿魏戏精上身，厉声谴责：“我家这情况，他不可能离婚！要不你们现在过来，家里人都在。你俩当着全家的面表个态，然后让蜂净身出户，和家里断绝一切关系！以后我妈也不会认他，孩子也别见了……”

即便在电话里，阿魏也能发现女主角也在演戏，毕竟她的“姿势”太好看了！只有影视剧里的离别，才能做到眼泪在眼眶里打转而不落下来。现实中的“执手相看泪眼”，你去试试，无一不是面目扭曲、涕泪交流……过来人阿魏想起自己被迫分手的时候，多年过去，目击者形容起她当时是“面无人色，形容枯槁，语无伦次”。可不是吗？真正心碎的人根本无暇顾及涂脂抹粉，那种失魂落魄、歇斯底里的疯样子，足以把对方吓到能跑多远跑多远。

而眼下，电话那头的女人，连声音都是带妆的，在该哭时哽咽饮泣得恰到好处，在该为自己辩解时还能保持伶牙俐齿，智商在线得不是一点点。

这件事最后以“懂事的”女主角拿到补偿，优雅退出收梢。蜂第二天来谢阿魏，也丝毫不见伤心难过。阿魏感慨，现代人连分手都分得这么塑料：不“撕”，亦不思，自编自导自演，把背信弃义硬能演成情深义重。难怪齐格蒙特·鲍曼在《流动的现代性》里说，如今我们什么都能买到，如“购买赢得心爱的人的爱情，而又能在爱情褪色、关系不和时，能以最小的代价来终结这种结合的方法……”阿魏说，幸亏自己中途改了戏路，没有执意将知心大姐的本色演出坚持下去，自从她的人设定位清楚后，戏就好演多了。好吧，给自己这个“群演”也加个鸡腿！

胜利的皇后不高兴

一个月前，阿苔和她老公已经去过民政局。在办理离婚的前一刻，她老公说好要给她的钱没有兑现，她一怒之下扭头就走。离婚这事，到最后就成了用分钱来羞辱彼此。要表示自己看对方有多厌恶，就利索分钱；要表示自己对过去有多后悔，就利索分钱；或者用给钱、要钱来切割关系，把自己和自己的从前一刀两断，也是给对方一个明示：我真的真的要分行李了，不想跟你一起走下去了，用钱来划清“楚河汉界”，就此别过，萧郎路人。

于是，阿苔当场就跟老公翻脸，谴责他没有诚意。要我说，阿苔已经气糊涂了，离婚倘若有诚意，说明什么呢？说明对方对你的心死绝了？说明你太渣？你就这么急于证明自己有多渣？可是，分钱这事，分着分着就入戏了。话说回来，跟十几年的感情可以不认真，可有谁能跟钱不认真呢？

何况，说好的感情呢？十几年来，两个人只消耗，不修补，已经千疮百孔了。从老公和初恋恢复“邦交”开始，后面就像打开了潘多拉的盒子，噩梦一出接一出，不做也得做下去。老公有天晚上回来，鬼鬼祟祟地不敢躺下，斜着坐了一夜。第二天有“猪队友”打电话问，“嫂子，我哥的背咋样了”，她才知道老公昨晚为了初恋跟酒吧混混发生口角，被捅了一刀……呵呵，初恋？阿苔自己曾经也是很多人的初恋、“女神”、梦中情人呢！之后不久，阿苔和前男友的聊天记录也被她老公发现了……即便到了这个份上，阿苔也没想着一定得离婚，真正让她下决心的是，她老公在经济上不再大方了。没了生日礼物，不再给她买衣裳、首饰、包包也就罢了，孩子的学费、补课费，家里的水电费，他也躲着不掏钱了，连工资卡都借机要回去了！嗯，他心里不舒服嘛。

可她心里也不舒服啊！阿苔就带了娃在学校附近租了房子，以陪读名义跟老公分居了。分居后，形势发生了大逆转。当人把一切过错算到对方头上的时候，会觉得愤怒，但开始审视自己的问题时，会觉得痛苦。想到以后妻离子散“注孤生”的痛感，在二手市场上待价而沽、寻寻觅觅的挫败感，她老公先垮了，托女儿传话请求她回去，并让女儿给她捎来了自己的工资卡。阿苔问我，如果真的回去了，成什么样儿呢？可是，当真离婚的话，又没有“接盘侠”在后面等着，也好失败啊。

本着“宁拆十座庙，不毁一门亲”的原则，我能说什么呢？既然她看工资卡的眼神已经温柔了许多，我只好说：“至少你赢了。”她说：“可是我咋一点儿也不高兴呢？”是啊，宫斗剧里，你见过哪个胜利了的皇后高兴呢？皇后都是不高兴的，但皇后赢了。赢和高兴有时候就是鱼和熊掌，不可兼得。

阿苔撇嘴说：“那也不是没有既赢了钱又赢了爱的，比如李嘉欣啊！”当年，阿苔嫁她老公的时候也说过李美人的台词：“物质对我来说很重要。”即便闹得要离婚的时候，她也说：“如果现在让我回到从前再选择一次，我还是不选最喜欢我的那个，而选最喜欢给我钱的那个！”可是，有时候人嘴里说的往往不是心里想的，心里想的反而说不出口。就像《色戒》里易先生送了钻戒，可让王佳芝豁出命的，肯定不是那些“克拉”和光芒。

前任江湖

有个朋友，我转发他的文章以后，他刻意叮嘱我说：“以后转发我的文章时，把那个谁屏蔽了啊。”那个谁，我们都心知肚明，是他才分手不久的前女友，我也熟识。他解释说：“我们已经互相拉黑了。只是这种关系太熟悉了，她看了文章后就会知道我的生活状态，我不想刺激她啦。”

我的朋友小猫大方承认，自己有两个分组，专门收藏各路前任。一组是广义的前任，不仅包括已经谈婚论嫁过的，还包括单恋、暧昧过的……按小猫的说法，对你的生活熟悉到一定程度的，分手后，都属于危险品，尽量搁置，轻触，勿碰，远离。不过小猫还说，还有一组属于解除了警报的，被放进了安全名单，欢迎围观点赞。

这两组前任有啥区别呢？后者大约是因为足够远，包括时间和空间上的“远”，远到不怎么会和你的生活有交集了，所以看不看你的朋友圈，对你都不能够造成伤害。而对前者，令人顾虑的不是这个人，而是曾经的伤害。毕竟分手时，就像遭遇了一场爆炸，事故现场还宛然在目，远远地一听到这个名字，那场爆炸就会重现，令人浑身一震，心头一紧。

以另一个朋友为例。她本已离婚多年，因为有孩子，双方不可能一点也不联系，可一联系就会发生龃龉。有时候，之前的恩怨和不快已经忘了，但对方偶尔看到孩子照片，忍不住说一句“我娃太可爱了”，她就会在心里怼他十八句：“太可爱了顶个屁用，你也摸不着！”“你又不管，又不接送，又不操心吃穿，可不可爱关你屁事！”“后悔了？呵呵，活该！”……她内心戏里的每一句台词，如果他听到，都会扎心，因为太熟悉，所以稳、准、狠。即便她啥也不说，他也能感觉到那空白里的怨怼。可是，她也不是不知道，他的这句话只有跟她说，才是最有意义的。除了他们两个，这世界上不会再有人在这句简单的话上与他们有深刻的共鸣。因为这一共鸣，那些狠话她忍了忍没有说出口。

但比这还狠的话，分手时已经互相说过了。如果是一场战斗，敌我双方为了戳对方的短处，揭彼此的伤疤，使尽各种战术——偷袭、包抄、强攻、轰炸、狙击，用尽各种招式——从降龙十八掌到九阴白骨爪，目的只有一个——摧毁对方，从意志到精神，从肉体到灵魂。那么为了取胜，他们会给自己画一个比鬼魅还要狰狞的妆容，会尽量把对方妖魔化，会给自己摇旗呐喊，会在心里一万次地肯定这场战争的正义性，说得多了，自己都以为自己是在讨伐贱人，替天行道。

现实中分手的战场大多数狼藉满地，触目惊心，然而在小说里却另有一番光景。美国作家安·比蒂的小说《星期二晚上》写到女主角的前夫和她的现任男友几乎混成了好哥们儿，他俩没少腻在一起聊天，谈论营养方面的话题，一起把书架搬上又陡又窄的楼梯，一起圣诞大采购，一起吃通心粉……他们同框的画风总是其乐融融，好像两人都来日无多了，来不及恨，也来不及刻薄、嫌弃或挑剔。而我们文化传统里的分离，却多是李莫愁式的怨恨，就像大家还有五百年要活，还可以用力地恨，不恨不足以反衬曾经的爱，好像真那么用力爱过一样，至死方休。

时光咖啡屋的温柔良夜

吉蒂坐在铺着亚麻桌布的桌子前，黄昏的阳光穿过窗外的婆娑树叶，在灰砖的地面上撒下一片斑驳日影，好像旧时光又回来了，仿佛这个叫“时光”的咖啡屋真的是从前的大学图书馆，她在等的人一会儿就慌慌张张地出现了，他打趣她不占个没太阳、不刺眼睛的好位置，而她嗔怪他又来晚了……

吉蒂想，希望这回是同一个“频道”的人，而不是那些令人失望的家伙——暗示自己其实有两套房的社区公务员；自顾自聊生意的宾馆小老板；声称自己是程序员，其实是天天窝在家打游戏的啃老宅男；自称是某技术学院教授，去了趟洗手间，桌上的手机就抽风似的闪烁着“老婆”二字的……

她等的人进来了，穿着类似户外队标配的那种冲锋衣外套，也许跟他的职业有关，介绍人说他是个摄影师。他的职业令她想起地铁里看到的那种风光摄影——从闹市里走入地下通道时那扑面而来的美景，虽然是电子的，也令人心旷神怡。

他们的话题就从地铁里的广告牌展开，但不太顺利。他听她说了半天才解释道，他在婚庆公司工作。她这才明白，他不是她想象中那种开越野车狂飙在无人区的摄影师。他平时工作的环境，是喧哗闹腾的婚宴现场。

她更不知道他心不在焉是因为他在焦虑。刚才来这儿的路上打的网约车，说好的延迟送券，送的三元券怎么没到账？害得他账单上显示的是全款。如果不是眼前正在约会，他会马上投诉。总之，他现在不会付款，明天也不会，直到网约车公司给他一个解释，或者送他一张折扣券。

感觉到话不投机，吉蒂犹豫着要不要叫服务员来买单。往吧台方向张望时，透过一个盆栽，吉蒂看到两张熟悉的脸，是她大学学生会的学妹和她老公。学妹这个“炫夫狂魔”没有一天不在朋友圈秀她老公。吉蒂忽然想起，好像刚才看到这个“刷屏王”发了一条：“心情小不美丽，帅哥带我去喝咖啡，一切不快全‘狗带’……”没想到在这儿“会师”了。

咖啡厅里现在就这么两小股“部队”，现在走显然不是明智的。既然迟早要狭路相逢，吉蒂决定改变行动计划。她问对面的摄影师：“哎，有烟吗？”她抽出他递过来的一支烟点上，不是什么好烟，将就吧。她吐出一口烟，缕缕烟雾在空中飘浮，然后她将烟轻轻地夹在两指之间，擎在空中，神情又风情，又霸气。在学妹走过来之前，从前那个漂亮的、呼风唤雨的“女神”成功附身。

也许因为是做服务业的，婚宴摄影师没有显示出惊愕，很自然地配合她表演，为她点烟，递烟灰缸。只是每当她醺醺然的目光转过来，居高临下地与他对视的时候，他就躲开了。

学妹过来打招呼，态度类似于闺蜜间的“嗨！让我抓住了吧！”的故作兴奋与暧昧。吉蒂松了口气，只要不让这个“炫夫狂魔”看出自己是在相亲，凭她怎么想都好。在所有的男女相处模式当中，相亲，目前是最让前校花吉蒂感到难堪的一种。

吉蒂目送那一小股人马离开，也走出“时光”和她的相亲对象道别。没有握手，更没有留手机号，彼此心知肚明，此前为了碰头加的微信好友，也会被删除。

地铁风驰电掣，掠过那些闪闪发光的电子屏，挖开黑暗急速穿行，吉蒂那种微醺的感觉又回来了。这种感觉令她感到一丝温暖，仿佛他们曾经真的很默契，度过了一个“隔座送钩春酒暖”的温柔良夜。

青梅竹马阳关道

在简的回忆里，高中的某个暑假，阿树曾坐在他们两家门口的打麦场上对她表白来着。只不过，表白不够豪迈，他说的是：“我姐说，叫你给我家当媳妇呢。”他就那么一说，她也就那么一听，因为他的口气轻松得就像开一个玩笑，她也只好按捺住心跳，装作一笑而过。

阿树从设计学院毕业时，简考上了设计学院。简毕业的时候，阿树还没有结婚，也没有如今这样的名气。其实一切还来得及，但一切好像又都来不及了。每年阿树生日，简不管在海岛实习，还是在古镇写生，都会赶回去给他庆祝。这一年，阿树依旧轻松地跟简打招呼说：“一会儿还有个女孩要来一起吃饭，她是来我单位实习的舞蹈演员。”那天的形势，两个女孩心里都清楚，谁先走，谁就出局了。简说，她不想玩这种“宫斗”游戏，所以就先走了。这不代表简不爱阿树，也不代表阿树更爱他老婆——那位坚持到最后的舞蹈演员。

阿树处理他的生活，就像他画画一样，看似无拘无束、顺手拈来，其实每一笔都是有布局、有想法的。比如他跟老婆吵架了，就跑去跟简说，他老婆因为简哭了好几回。阿树口气无奈，简只好表态说，以后不去给他过生日，也不去同乡会了。

阿树说：“我不是这个意思，我……”简明白他在表达什么了，也许阿树永远不会把话说得太明白——不管简是红玫瑰还是白玫瑰，她是阿树没有得到的那朵玫瑰。可是简还是不必当真，因为阿树轻松的眼神又出卖了他——简不是他的朱砂痣，舞蹈演员也不是他的蚊子血，她们都不过是他花园里的玫瑰花，可爱，可赏，可玩，亦可随手闲抛。

也许简被哭泣的舞蹈演员诅咒了，此后 N 次失恋，N 次相亲失败，闪婚闪离，变成单亲妈妈。简有多落魄，阿树就有多风光。阿树换车换房，开画展，生二胎，声名鹊起，有众多粉丝，走到哪里都被前呼后拥。他习惯了不管谁见到他，都要在眼神、表情、动作上呈现出关注和敬意。在阿树把自己成功地打造成名流之后，他们在同乡会上又见到一次。简听说阿树要来，去补了一下妆。她看他，还是会忍不住像一个拥有温柔眼神的母亲，目不转睛地盯着蹒跚学步的孩子，随时准备扑上去搀扶他，哄他，表扬他。他看她，轻松得就像对待一个资深粉丝，尽管谁都知晓，简和其他粉丝不一样。

听说了简的故事，我想的是，简不可笑，可笑的是阿树。那一年，当他说还有一个人来为他庆祝生日的时候，不知道他是否听说过毕加索的故事——两个情人在毕加索画室狭路相逢，她们要求毕加索选择一个，毕加索说，“你俩我都想要，哪个留下，你们自己决定”，然后转身画自己的画，对扭打在一起的两个情人置之不理。

毕加索的表现是阿树的升级版而已。生活对于阿树，就像一盏耀眼的奖杯，他将它捧在手里，从来不曾有过任何闪失。不知怎的，他的动作，却因为小心翼翼和千方百计，显得那么难看。为了保持平衡和安全，他其实从来不曾用力地爱过、恨过。

乌尔比诺的维纳斯

月姑姑的美院同学活动，写生啊，聚会啊，她一般不怎么去。这样说好像显得月姑姑很牛似的，实际上月姑姑还是月姑娘的时期就很忙了——忙着挑选适合的结婚对象啊，考研读博啊，写论文啊，评职称啊，买房啊，生娃啊，离婚啊，再婚啊什么的，虽然在一个城市，但中间和同学们只见过寥寥几次。

再忙的人也有仨好俩好的，只是月姑姑对自己还是月姑娘时期的回忆有很多误差。比如，自己当年如何“女神”，他们班包括阿虫和老朱在内的男生都追过她，班上的其他女生，连同闺蜜小淼，都是她的陪衬……

说到阿虫，当年，月姑娘放学和他一路回家。他们画完画，骑着车子，追着月光回家，路上顺便把彼此的作品攻击一番，所以她跟阿虫说的话最多。有一回，月姑娘负责给艺术史老师做幻灯片，阿虫帮忙，整理到提香的画，《乌尔比诺的维纳斯》巨大的裸体躺在墙上，映得孤男寡女面红耳赤。阿虫按下汹涌的荷尔蒙，顺手捻起老朱同学桌上草草抹就的自画像，问月姑娘是不是喜欢老朱这个老东西？月姑娘回答说：“放屁！”嗯，在月姑娘眼里，她班上的男生都是屁，逃课喝酒，熬夜看录像，第二天肿着眼泡来上课，没有意志力和上进心，怎么可能跟他们有故事？

那年月姑娘刚离婚，去老朱两口子的家里哭，已经成了老朱老婆的小淼边听边搓鼻子。老朱去给老婆买药，月姑娘才明白小淼是感冒了，并不是在陪自己哭。她忽然想起老朱当年还送了自己一本《洛神赋图集》，如果当时自己不认为“人神之道殊”，现在应该是老朱去给自己买手帕，哪轮到给小淼买药？不过，如果当年和老朱好了，如今也不会哭得这么狼狈了吧？虽然她当时死活不想回自己复式结构空荡荡的大屋（离婚战役的成果之一），而是挤在小淼的出租房里取暖，但一想到老朱除了对老婆好，也没啥优点，也就不对当年没跟老朱好感到多遗憾了。

她离婚那年年底，阿虫新婚，同学们在小淼家聚会。阿虫老婆和小淼，一个森女，一个文艺女，和她的水貂毛皮衣形成了鲜明对比。她看见新婚的阿虫老婆的“爪子”紧紧地抓住阿虫，心里也不是没有泛酸，但一想到婚姻之路，道阻且长，便冷笑了一下，也没遗憾当年和阿虫一起看裸女都没有起心动念。

这次聚会，是因为小淼开了画展。大家看完画展忆青春，老朱说：“还记得不？咱们那年在汉江边上写生，晚上住农家，天太冷，一群男男女女盖一个大被子坐床上……”小淼接着说：“就是就是，我还叫你们把脚都伸出来看看，阿虫竟然穿了双丝袜！”阿虫说：“小淼结婚时穿了身旗袍出场，我才意识到，啊——小淼原来是个女的！”还有人回忆，那天晚上他们在汉江边喝了酒，聊梵高和高更谁牛，争得面红耳赤，吵得声音太大，惊动了附近村民报了警，警察来了，弄清楚是一群穷学生在聊艺术后说：“你们声音小点儿。”

当年月姑娘忙着“正经事”，这些活动她都借故没去。现在，她端坐在这群人中间，看他们越过自己——就好像农夫和樵夫在田间隔着停歇的犁头——会心而又热烈地调侃，而他们和她——就像男士隔着女士们扑了粉的香肩，双方手里都举着波尔多酒——客气又疏离地寒暄。

月姑姑头一回感到遗憾，他们的故事里没有自己。

爱情地标

芸在想，一个人在一座城市里生活了几十年，会有多少爱情在生发？又会有多少爱情在幻灭？这一茬又一茬的爱情，生发时如夏花般绚烂，死去时如孤魂野鬼，飘荡在城市里。最怕，有朝一日和自己曾经的爱情忽然邂逅，无可回避。

20多岁的芸还在美院读研。有时候骑自行车转悠出学校，芸会专门绕一下路，尽量不从学校隔壁医学院门口经过，因为曾经和一个医学院的学生谈过一场无疾而终的恋爱。那时还不知道路过一个地方就像重听一首老歌，会令人睹物思人，而那人已芳踪难觅，但音容笑貌犹在目前。一不留神走在他曾经送她回程的路上，想着最后一次见他的点滴，芸总是难过得心疼。那时候的芸很担心，自己心里这块伤疤是不是永远不会消失？就像人鱼为了爱情把鱼尾变成了双腿，永远都像走在刀尖上，而走在刀尖上，还要装作像跳舞一般优雅，别人会不会看出来？

还有一个地方叫“西后地”，那里曾经有另一个旧人，已经弄不清当年是他对她用了心，还是她对他用了心。这些心思，就不知不觉间镶嵌在那些一起走过的路上，一起吃过的苍蝇馆子里了。两人分手后不久，芸有几次骑着车子在这条街上走错了路。或许是心里默许自己走错的，总是走着走着，一抬头，竟然是他家楼下；或许是在潜意识里，还想在这里碰到他。可是，碰到又能怎样呢？他看到她青春如许、花容月貌又回心转意吗？虽然一个失恋的人是不太有可能往花容月貌上靠的，但是青春毕竟是青春。芸知道青春的好，可是她总是对自己的青春不知所措，就像一个人拿了大把的钱不知该怎么花，而这钱，又每分每秒都在贬值。嗯，芸那时候，就是这么焦虑又骄傲。转眼十年过去，芸偶尔开车路过“西后地”，那里已经拆得成了一片废墟。而且因为居民们没能得到妥善安置，废墟上挂着触目惊心的抗议横幅，提醒着她：生活，除了风花雪月，还有人间疾苦。

不错，人年轻的时候，以为只有爱情是唯一的苦，比黄连、苦胆都难以下咽的苦，可是往后走会发现，连苦都是不一样的味道。后来路过一个叫“文艺路”的地方，这是芸和前夫住了十年的地方，她尽量挪开视线，不愿多看一眼。那场苦，已经和爱情没有一毛钱关系了，结束时的那场撕斗，伤筋动骨，伤到了元气。那个人，也许以后不免还要碰见，因为他是他们孩子的爹。芸会努力地想，除了孩子，不会没有留下一点别的吧？比如某个一起去过的城市，某个葱茏茂盛的季节，还有某个灼热的蝉鸣午后，两个人你一口、我一口地吃过的一个冰淇淋……

普鲁斯特说过，我们所度过的时间其实并没有真正失去，“我们生命中每一小时一经逝去，立即寄寓并隐匿在某种物质对象之中，就像有些民间传说所说死者的魂灵那种情形一样”。看到面目全非的城市地标，芸甚至有些庆幸，现在的城市就好像现在的爱情一样，不断地拆了建，建了拆，街道依稀难辨，那些爱情带来的伤痛或欢娱也会模糊。也许芸以后还会明白，不论自己是在跳舞，还是装作跳舞般优雅地走在刀尖上，其实没有几个人会在意。

去毛里求斯看大灰鲸

我和老 H 是相亲认识的，在一个万物生长的春天。我们都是水瓶座，据说每个“瓶子”都有着风一样的性格，所以我们没有相爱，继续分头祸害人间。

我们之所以没有开始交往，与其说是“瓶子”的直觉使得我们识破了彼此的安全系数都不高，不如说老 H 那会儿自卑。他当时是机场的一个临时工，一天到晚苦哈哈的，可是他这样描述他当时的工作：“你见过凌晨的星星吗？我每天早上四点出发，走在路上，天还没亮，静得能听到心跳，抬起头，看到满天的星光……”嗯，他说得就是这么令人向往，你根本看不到星光底下的现实版人生：刚睡到酣甜，闹铃响了，从暖和的被窝把自己拽出来，哆嗦着站在 -10℃的车站，等来一辆就像用胶带纸缠了 N 多圈儿才没散架的破公交，颠呀晃的，晃到鸟不生蛋的荒郊野外，一路上冷清、寂寞、困得要死，前不见未来，后没有退路……

老 H 就有这本事，所有的人和事到他嘴里都变得很厉害起来。比如聊到去甘南草原：“在一定的海拔高度之上，就没有乔木、灌木了。碧绿无边的草原上，开着各种颜色的小花朵，各种颜色！你能想到的颜色都有……”老 H 不会说这“各种颜色”有可能是他的幻觉，因为据同行者说，他当时高原反应得头痛欲裂，差点挂掉。

就像老 H 决定辞职闭关考研，他从来不提如何在三十高龄暂停谋生，克服逼婚，去学英语，背政治，上各种辅导班，如何累得像狗一样的历程，只会告诉别人考研战役大捷以后如何。硕士学历变成了他的高底盘座驾，他乘着豪华座驾，就像传说中的鲲鹏，扶摇直上，秒杀众生。

这个时期，根本轮不上我等亮灯给他了。老 H 没事还跟我吹嘘一下他如今在婚姻市场上的紧俏程度——恋爱对象的“品相”节节攀升。我的骄傲，在他描述的那些优质女人面前不堪一击，碎成了渣渣。

老 H 后来找了个漂亮空姐完婚，算是又挑战了一把人生极限。以他当时一无所有的身家，空姐头脑一热跟了他走，也只能是真爱了。毕竟，对等的婚姻应该是等价交换。老 H 没什么和空姐交换的，或说是空姐可以用于交换的资源比老 H 要多得多，所以两年不到，头脑冷静过来的空姐就抛弃了他。

老 H 很快再婚生子，饭票已经揣兜里，剩下的，就是挑剔饭不可口，到处找机会吃点零食了。跟老婆不和，没关系，在老 H 嘴里：“婚姻嘛，说到底就是搞平衡，比如出国旅游，就得带上老婆。我带她去过毛里求斯。对了，你见过大灰鲸吗？在海上，透过小舢板的玻璃底，我看到了大灰鲸的眼睛，就像情人的眼神一样，含情脉脉，真的是醉了。可不敢跟它胡闹，把它惹了，那大尾巴一扫，嘿！”

当然，老 H 不会讲他老婆在海滩上跟他大吵一架，骂他安排的酒店太贵，责备他大老远不逛景点，带着孩子在沙滩上跑步，他也不会说他家婆媳矛盾已经势如水火。气急了他会说：“我才不怕离婚呢。离了婚，我就是《守株待兔》里的那根木桩子，看哪只兔子有福，撞在我这根桩上，算她捞上啦！”他依然觉得自己是块闪闪发光的大奖牌，颁发给谁，谁就光芒四射。

又过去了几年，老H打电话，说他做生意，挣了四套房子……依然是妥妥的人生赢家的口气。可是头一次，他不小心泄露了他的烦恼：如果现在离婚，就得分出去两套房子……

行李箱不仅装衣物，还装故事

在电影里，整理行李箱，已经成了寓意“咱们分开吧”的一个经典动作语言……把大衣小衣往行李箱里塞的时候，表情要凝重，目光要呆滞，否则的话，很容易被对方解读为迫不及待地离开，心花怒放地奔向未来。这样的态度，既不利于妥妥地离开，也不利于妥妥地回来。当然，行李箱自己也不知道会不会再回来，毕竟身为一个行李箱，它的职责就是一次又一次地离开。

尽管电影已经提醒过董小姐了，可是她对行李箱预示的离情别意还是没有充分认知。在光想美事的少女时期，行李箱意味着“诗和远方”，需要关注的不是被丢弃的过去，而是即将展开的未来。

在现实生活里，董小姐逐渐知道了，行李箱不仅可以用来装行李，还可以装面子。董小姐的老公不怎么喜欢旅行，但他很热衷于买行李箱。令董小姐不解的是，他们的衣橱推拉门坏了，取放衣服的时候不能推拉，只能把巨大的门扇搬来搬去，他视而不见，家里的行李箱反倒不断在升级。从符号学的角度来说，男人的行李箱是拎出去见人的，体现了身份地位，就如同女人的包包一样，而衣橱在家里，外人又看不见，不需要花太多钱。

董小姐从来没有喜欢过老公买的第一个行李箱——一款黑皮行李包，它的来历很不详。有一次他们吵架，他摔门而去，回来后手里就多了这个黑包。后来董小姐发现，一吵架他就喜欢买行李箱，这成了他的一种精神补偿方式，就像女人生气了买衣服一样。潜意识里，他想从这段关系里一走了之，虽然还没到那个地步，但离开的心念已经悄悄种下了，会在每一个可能的瞬间生发。于是，有一次同事出国，董小姐便把黑包借给她。尽管黑包被带着去欧洲周游了列国回来，还是没有提升自己在董小姐心目中的地位——它被搁置在了公司库房里。终于有一天，那个倒霉的包不见了，董小姐竟舒了口气。

有时候董小姐怀疑，她老公之所以需要一个家，是不是就是为了让自己有地方能够离开？董小姐也决定出去走走，想清楚她需要一个家又是为了什么。她老公让她带上家里最贵的那个行李箱，贵到足够买个衣橱了。她并没有表示出他期待的感激，对他带给她的这种只有面子、没有里子的生活，只有困惑。

董小姐从一个岛屿到另一个更荒僻的岛屿，乘坐的是那种岛屿之间的类似于公交车的船。渔民们的编织袋一般都堆放在甲板底下的角落里，董小姐不敢这么做，怕一眼不见，行李箱就丢了。当攀岩似的从船底上到甲板，她得拎着行李箱；在船头看海的时候，她也得拎着行李箱。董小姐后来说，如果早知此行会去荒岛，应该背个背包更加合适。可是，谁能预测旅途中的变数呢？在本该轻装上阵的荒岛探险中，董小姐一直提着她那个比里面的行李贵重得多的行李箱，不知是该懊悔，还是该傲娇。

旅行回来，董小姐发现她老公已经搬出去了。那个行李箱，在某一次他回来收拾东西时被拎走，和他一起，再也没有回来。后来，董小姐发现，她其实一点也不喜欢行李箱，就像行李箱底下的万向轮划过的路——虽然平滑，可也平庸到无趣。

董小姐背着旅行包走过了千山万水。对现在的董小姐来说，旅行包是用来装故事的。旅途的每一段，都有旖旎的风景和奇崛的故事。有的故事，想经常打开看看；有的，庆幸它们终于过去，并再也不会回来。

今年的最后一场婚假

康妮结婚了，当她告诉我这个消息的时候，故意表现得风轻云淡。

这几年来，康妮经历了一场又一场浓墨重彩的恋爱，但是显然，这些死去活来的爱恨都被她发在朋友圈里的鸡汤稀释了。比如她发："真正的爱情，应该是，花心的为你专一，爱玩的为你安定，性急的为你等待，爱逃避的为你坚持，骄傲的为你谦卑……"我们就知道她可能和上次说的那位医生分手了。她曾经说，医生的微信里有太多女孩给他留言，虽然医生解释说那都是他们科室的小护士，然而康妮还是有种就像收音机里的音频总是调不到位而杂音太多的感觉，不堪其扰。

有时候康妮会发些莫名其妙的话，比如："不同的人，为你做同一件事情，你会感到天壤之别，因为我们常常在意的是做事的人，可是在意又何必？"我就知道她好像对我给她介绍的那个教师不太满意。也许他太有控制欲，有点像她的初恋小刘。小刘是我们上大学时的学长，两人好的时候，康妮很享受她在和闺蜜们吃饭时，他会每两分钟打一个电话："你干啥呢？""跟谁？"可是后来分手的时候她又说，实在受不了被人恨不得装个监控器的感觉。

和小刘分手后，康妮就紧锣密鼓地开启新的恋爱。和公司里的高富帅聊上的时候，她发“如果你不能接受他糟糕的一面，那也不配拥有他最好的一面”；分手的时候，又会发“有阳光的早上，好像什么都可以重新开始……”。和客户里的富二代约会的时候，她发“这个世界最美的童话，莫过于他为她落入凡间，甘愿倾一世时光，陪她红尘静守，以待流年”；又分手了，会发“并不下雪，却冷得想哭”。

只看文字，就像雪地里小动物经过时留下的脚印，丝毫看不出曾经发生过的撕打痕迹。没人知道康妮曾经为了男一号自杀未遂，和男二号互扇耳光，为男三号差点“生猴子”……以至于经常看她朋友圈的同事点评说：“唉，你就应该过那种被养起来的日子，没事抱只猫，画个画儿，写点东西啥的。”令康妮遗憾的是，这种话，她谈过的那一个加强连的男友们都没舍得跟她说过，除了小刘。所以，小刘发自己结婚照的时候，康妮装作没看见，也严厉批评了我们这些手贱点赞的。

康妮幻想中进入婚姻的过程是这样子的：男友至少要跪地求婚吧，至少准备玫瑰花吧，不准备 999 朵，送 11 朵也算数啊。实际的过程是这样子的：距离 2016 年还有几天的一个早上，康妮醒来，想起多年前，阳光正好，空气清透，寝室窗外的银杏树叶子黄了一地，她跑到教室叫出小刘，两个人大清早翘课，去爬终南山看红叶……想到这些，她忽然很想请假，可是，有什么理由请假呢？总不能说自己又要去相亲。而且，在给领导改了十几遍年终总结，连续好几个周末加班的情况下，康妮多么渴望休一个长长的假期！掐指一算，这辈子最长的假，只有婚假和产假了，而且就连晚婚假 23 天，几天后也要被取消……既然爱情从来不曾向她呈现过它完整的模样，那么跟谁结婚都一样。于是，她给时任男朋友发了个微信：“咱们去领证吧。”

欲望的排序

辛小姐大学时的男友是个节俭的男生。也不能说他不体贴，比如他常常会像妈妈那样劝辛小姐好好吃东西，“快吃草莓，再不吃就坏了”，或者“把青菜吃完，剩下就得倒了”。辛小姐很不喜欢他这么说，好像这些食物的历史使命就是果腹而已，它们诱人的色、香、味，乃至营养成分，都全无价值，毫无意义。

所以当辛小姐遇到她的第二任男友时十分惊喜，因为他特别擅长美化食物，给吃东西这件寻常事添加了一重“曲径通幽”的腔调。比如一盘大闸蟹，他会描述这蟹如何新鲜，听上去就像他刚从阳澄湖给她捞回来的。玉盘珍馐自不必说，粗茶淡饭也能得到他的花式夸奖。比如有一次他请客，对于那天宴请的农家乐级别，他也有说道：“请人吃饭不如请人出汗。现代人大鱼大肉都吃腻了，吃些野菜，降降‘三高’！”这些客人对他来说应该不属于贵客，所以不需要虾兵蟹将来压场子。

渐渐地，辛小姐发现他只是擅长请客，而不是吃饭。他的所有人生问题——升职、加薪、进修——几乎都是请客解决的，他的所有资源都是在饭局上搞定的。甚至有一次，辛小姐说她的老板对她动手动脚，他的解决方法也是“那请他吃个饭吧”。在这些饭局上，他几乎顾不上吃什么，他的主要任务是夸奖那些山珍海味是怎样的珍稀，如何的昂贵、有营养。辛小姐逐渐发现，他的言外之意只是强调自己为此花费了多少心思，让吃它的人都要好好地落他个人情。

对待食物，难道不是对待欲望的态度？一切欲望都是有排序的。在他眼里，所有欲望，包括食欲，都得给他的权力欲让路。在饭局上，他可以为了得到话语权以及换取其他资源的机会而牺牲食欲，导致他嘴里的一切赞美，无论对象是食物，还是女人，都像是从哪里拷贝来的套话，从不走心，以致后来辛小姐一听到他劝酒布菜就没了食欲。辛小姐经常想，估计那些被表扬的玉盘珍馐听到这些话，绝不会是死而无憾，而是含恨离去，深感怀才不遇，遇人不淑。

好在辛小姐的下一任男友是个货真价实的“吃货”，经常会在微博上转发“没有红烧蹄膀的夜晚，最难将息”，勾引得人食欲大增。比如出去旅游，他总有本事准确定位出这个陌生地方最地道、最好吃的餐馆，哪怕它潜伏在小镇最隐蔽的深街陋巷。辛小姐觉得旅游嘛，嘴巴吃什么不要紧，要紧的是眼睛“吃”到了什么。她可以胡乱塞点儿馒头、方便面爬一天山，只为在山顶上看一眼云雾，而他会长途奔袭只为吃一碗地道的热干面。

让辛小姐受不了的，倒不是他不会为其他任何欲望牺牲他的口腹之欲，而是当他开启吞噬模式的时候，简直就像一种铲食物的大机器，轰隆隆地扑向食物，就连喝水，喝完都要咂咂嘴，用舌头在周围的空气中一卷，生怕一丝味道从嘴里漏跑了……后来和他分手时，辛小姐想，难怪他的吃相那么难看，在他的生活中，可能除了食物，再也没有让他能把握、能掌控的东西了。

此刻，辛小姐猛然想起上大学时那个对食物吝于赞美的含蓄男友，他之所以对那些食物的色、香、味视而不见，仿佛它们全无价值、毫无意义，是因为和她一起吃东西，这个过程本身就是意义。

包子和包法利夫人

H 姐约我聊天的地方，窗户宽大优雅，窗外密密匝匝的紫藤花，是文青们最喜欢的情调。亚麻长裙、银镯子是她和她心意相通的朋友们一见如故的通关密码。在我们聊天的间隙，老板娘过来跟她打招呼。她们热烈地讨论意大利披萨和法国披萨的口感区别，威士忌是怎样成为调酒中的基础款的，以及瑜伽、有氧健身和马甲线。聊得开心，老板娘说一会儿按照会员价给我们打折，说完就出去了。买单的时候，店员说不知道有会员折扣这回事，要么等老板娘回来？H 姐说："算了。"

H 姐不会吐槽老板娘的不够意思，这些属于诗和远方之类的审美范畴，不能太计较不是？要吐槽的，是眼下的苟且生活，比如单位。最近单位出了个歪点子，专门整治包括她在内的这些爱请假的人，现在请病假一天扣 50 元，请事假扣 100 元。H 姐最近又想"出去走走"，去找上司请假半个月。上司讽刺她："人家那谁谁开宝马的，家里不缺钱，请这么长时间的病假还能理解，咱一般家庭就算了吧！请这么长时间的假，不心疼吗？"这句话可是戳到 H 姐心底痛处了，她一下子炸毛了："她家那么有钱，她咋不请个贵的事假？为啥要请便宜的病假？有钱开宝马，没钱请假？我跟你说，我老公拿的也是年薪……"

接下来 H 姐该吐槽老公了。她就不明白了，她老公咋就一点也没有审美情趣呢？他对她平时喜欢穿的布鞋和亚麻长裙也会严厉抨击，称那是奇装异服，问她能不能打扮得正常点儿。切！他眼里的“正常”吗？有腰身的套装、纹丝不乱的发型、庸俗的镶钻饰品、明光锃亮的漆皮包和高跟鞋……天哪，让她打扮成那样儿出门还不如去裸奔。她约朋友看看画展，喝喝咖啡，他都气得要死，说她成天不务正业。他所谓的“正业”，就是在家做饭、洗衣、拖地、刷马桶，哪怕看个韩剧，也比成天出去疯要像个“正常人”。她也不是没有在缓和夫妻关系上努力。她带他跟朋友们吃饭聊天，结果他回来更火，说这都是些什么人啊？一群牛鬼蛇神、妖魔鬼怪！

他想表达又表达不清楚的应该是，按照凡勃伦《有闲阶级论》的说法：“我们时常可以看到一个男子刻苦耐劳，尽力工作，为的是使他的妻子可以在适当的方式下，为他执行当时一般要求的那种程度上的代理有闲。”H 姐没弄清楚的是，她的“有闲”和“消费”不过是“代理”的。她的穿戴，应当给他增光添彩；她请客、送礼、社交交换来的，应当首先是他的面子，为家庭、为他的发展积累人脉资本。他指点她说，不是不可以交朋友，要交就交些“有用的”，比如跟孩子的班主任吃吃饭呢，请她的上司爬爬山啊。说到上司，平时跟上司搞好关系，也不至于请个假都这么难！最后还害得他花钱买礼物才摆平……她这个当老婆的真不省心呢！即便没事跟股票经理和房产中介聊聊，也算你有追求！

然而，对 H 姐来说，有太多比买房、炒股更重要的事去追求，比如结伴旅行，吟诗作对。即便这些都做不成，喝喝茶、做做梦也是极好的。于是问题来了，如果她不惦记他的年薪，愤然追求诗和远方去了，就成了安娜 · 卡列尼娜或者包法利夫人；如果依靠他的年薪，她就得做个忍气吞声的“包子”。

轻奢款爱情

爱丽丝·门罗有一篇小说《熊从山那边来》，令人印象深刻，讲的是一个退休教授格兰特的妻子菲奥娜患了阿尔茨海默综合征，他把她送到养老院，当探视她的时候，震惊地发现她深陷爱情，和养老院的另一个患病毒性失忆症的老先生奥布里情投意合，心心相印，两个病友倒像是一起生活了几十年一样，焦不离孟，孟不离焦。对结婚五十年的丈夫，菲奥娜只是将他当作一位对她有着特殊兴趣的客人。她用心不在焉却礼貌友好的态度对待他，搞得格兰特很是心虚。他弄不清妻子是真失忆，还是在对他中年时期有过很多风流韵事的报复。

不愧为诺贝尔文学奖作家，写三个加起来将近二百五十岁的老年人的三角爱情，写得如此克制动人。若说哈姆雷特式动辄刀光剑影、人仰马翻的古典爱情已经是奢侈品，那么菲奥娜和奥布里的爱情就是轻奢款的爱情——没有眼泪，也没有寻死觅活。可谁能说老年失忆情侣的爱不是真爱呢？当菲奥娜得知奥布里因家人不愿支付医疗费被接出院，她闭上眼睛，沉浸在悲哀中。“如果她让她的悲哀离开哪怕是一分钟，等她再次进入这悲哀的时候，都只会对她造成更大的伤害。”这是全书情感分量最重的一段话。

可谁能看出门罗小说里暗含的讽刺寓意——即便这样的轻奢款爱情也只有老年痴呆者才会享有了，更多的人像丈夫格兰特一样，因为过于聪明又清醒，只能拥有快餐式的感情。正如齐格蒙特·鲍曼在《流动的现代性》里所说的，现代人的情感微权力之争的规则是，谁运动和行动的速度更快——逃避、退出、到别处去的能力更强，谁就占有主导权。因此，在这个不安全、不可靠、不可预料的世界上，聪明的“游客”会尽力轻装上阵，在清除阻碍他们行动的任何事物的时候，都学着不掉太多的眼泪。

川村元气的小说《四月女友》里的藤代看到父母离婚的时候，认为“父亲是一个天生就缺少温情的人。生来就缺少温情的人只有一段时间会努力地去爱别人”。藤代在发现自己也有这个特点后，感到恐怖。他很害怕自己在不知不觉间，不管是对自己，还是对别人，都不再抱有期待。尽管如此，藤代的感情经历中还是出现了初恋小春、未婚妻弥生，甚至还差点被未婚妻的妹妹诱惑。藤代将爱情视为一种和感冒类似的病毒，总是不经意间侵入身体，反应过来的时候，身体已经开始发热。可是随着时间的流逝，热度开始降低，总有一天，你会突然觉得那发热的日子像梦一样不可思议。

由于情感变得像流沙一样轻盈、暧昧和富于变化，爱情也变得不“奢”只“轻”了。无论是小说里，还是现实里，现代人都不习惯剑拔弩张、你死我活的恋爱，也有意回避过于折腾的感情。身心疲惫的人们宁愿欣赏小清新的情歌：“给我你灿烂无比的初春和深秋，给我你未经雕琢的天真和自由，给我你最最珍贵所有的所有，给你我义无反顾的长长和久久……”就像向田邦子的小说《阿吽》里，18 岁的聪子经历了初吻后，“好似太阳雨，明明不想哭却落泪了”。

奇葩们的蜜月之旅

所有的风俗习惯都倾向于美化“蜜月”这个词，就好像蜜月就应该是人生最甜蜜的一个阶段，俩人好得蜜里调油。可能因为新婚，再加上是旅行。旅行嘛，一般都比平庸的生活要色彩斑斓一些，人们在美丽风光和奇幻旅途中也会亢奋起来，心胸会打开，平时的龃龉可以忽略不计。而两个人在二人世界里，有了这些催情剂，做着爱做的事，那个叫“爱”的事物，怎能不得到充分的滋养和生长?

苏小姐前一段时间和她老公去美国度蜜月，这不知是她的第几次蜜月了。婚后，苏小姐把旅游作为缓和夫妻矛盾、增强两人凝聚力的一个方式。有时候，这个举措对增进感情还是会起作用的。比如这次，一开始也幸福得如胶似漆，可惜在旅途进行到中段的时候发生了一个插曲。苏小姐倒时差半夜睡不着，偷瞄了她老公的微信聊天记录，看见他跟一个女人的聊天。大意是，女的问他：“结婚怎样？”他说：“嗯，这就是件小事而已。”女的说：“说说嘛，感觉如何呢？”他说：“一言难尽呢，需要面谈……”结局是苏小姐大闹一场，最后，苏小姐不甘心地说：“好玩吗？好玩吗？如果我没有和你结婚，那么现在和你这么玩游戏的人就是我！”

苏小姐虽口不择言，但也是真心。她有这个自信，不论比拼颜值魅力，还是撩骚暧昧、花式勾搭，她都是曾经沧海。只是如今做了人妻，在对方眼里就端了，装了。话说端庄娴淑啥的，难道不是人妻标配吗？难道不是丈夫需要的吗？苏小姐不免越想越委屈。最后几天吵架吵得很凶，平时吵成这样还可以不欢而散、各找各妈去，可在旅途中想散也没法散，还得把相看两厌坚持到底。可见旅游真是检验感情的试金石，也是两个人漫长生活的一个微缩模型。两人 24 小时黏在一起共同度过近一个月的时间，这期间会不会有心猿意马？“三观”和审美是否相合？或者即便没有多少共同话题，但能不能、愿不愿互相容忍？这些在一个月的朝夕相处里足够暴露出来，也足以考验彼此的应对能力。

倘若苏小姐见识了休的蜜月，会发现世界上不止她的蜜月是朵奇葩。在纳博科夫的小说《透明》里，休和新婚妻子阿尔曼达度蜜月。最后一个晚上，这位新婚妻子坚持要演练一次“火灾逃生”（他穿着短睡裤，她穿着 Chudo-Yudo 牌睡衣），从他们住的四楼顺着旅馆墙壁像壁虎一样往下爬到二楼，然后再从那里爬到长廊的屋顶上……休劝老婆不要瞎折腾，但无济于事。勇敢的姑娘命令休跟在她后面，可是，休特别笨拙，他刚爬出去就被他们阳台底下的一个凸出物挂住了。他从自己的歇脚处往下喊话，恳求她返回。无人回应，脚下却有一扇百叶窗忽然打开。休设法爬回自己的阳台，以为他老婆一定挂了，但他还是挨家挨户地去打听寻找，最终在三楼的一个房间里找到了他的新婚妻子。她裹着一条毛毯，仰卧在一个陌生人的床上，若无其事地抽着烟，陌生人则坐在床边的靠背椅里看一本杂志。

格来利斯的智性世界

阿春的工作室一度是本市文青们的据点。成名后的秋画家也曾经用阿春工作室里的元素装点自己的画室，比如喝茶用的半个磨盘，书架角落里的几只莲蓬、一束麦秸。不同的是，秋画家的画室有巨大的落地窗，而阿春租来的工作室因没有窗户而显得光线昏暗。

阿春的工作室具体是做什么的，我好多年也没弄清楚，大约类似于一个自由文化沙龙，偶尔举办一些活动，比如主题冷餐会、读书会、摇滚民谣欣赏、小型画展。平时，一些文化名流以及秋画家这些青年才俊们时常聚集在那里写写画画，据说秋画家后来名气大涨，画价飙升，也得益于在阿春的工作室里结识的文化名人。

这些人画画累了，也经常会盘腿坐在磨盘边，向阿春倾吐心事，阿春就给他们泡茶。碧螺春、金骏眉、大红袍，一道道茶汤喝下来，一桩桩孽缘公案吐出去。她并不多说什么，只是笑嘻嘻地看着这些在情天孽海里呛了水或淹得半死的男男女女们，听他们讲故事，冷不丁来一句。听了阿春的话，有的如同被师父敲了脑门的孙悟空，顿时悟了，从此王子和公主又一次磕磕绊绊捆绑在一起；有的当时的表情就像被俱胝禅师断了手指的小和尚，多年以后说幸亏阿春替她快刀斩乱麻，及时割肉，幸免于被垃圾股套牢的厄运。

秋画家去阿春那里的次数最频繁，也最无话不谈，除了自己的感情生活。据他自己说，老婆负责驯顺听话，自己负责挣钱养家，搭班过日子而已，谈风花雪月都是浪费时间。何况，对阿春是不是情感大师，秋画家也不无优越感地道破，并非阿春有什么神力，只是因为这伙红尘怨偶，看到没工作、没婚姻、没房产的阿春都能够过得如此怡然自乐，还好意思再哼哼唧唧吗？更何况，他来这里的重要目的是进入圈子，拉拢人脉，还当真“忍把浮名，换了浅斟低唱”？

秋画家从不吐槽自己的生活，可他倒从不吝啬吐槽阿春。比如阿春光线欠佳的工作室，简直就好似一个“盘丝洞”，而阿春像个蜘蛛精，借这个道场在修炼功力。

表面上看，他们的故事有点像威廉·特雷弗的小说《格来利斯的遗产》。图书管理员格来利斯和一位常来借书的女读者很能聊得来，两人常在一起探讨书籍、作家和文学。这一男一女除了讨论书本之外，从不讨论彼此的人生、家庭和感情生活。他们谈完书本之后就直接收拾茶具，道晚安走人。“他们的生活实际上就是这些谈话自身”，他们知道在物性世界之外，还存在着一个平行的智性世界。

和这个故事的区别在于，秋画家成名之后再没去过阿春的工作室。也许是因为，她太多参与了他的“智性世界”——她曾坦言对秋画家作品的质疑，不相信一个没有生命挣扎的人会创造出伟大的艺术，而他，其实从未真正欣赏过她和她的生活。他认为她看似勇敢，其实是胆怯——不甘心过那种更加现实、一地鸡毛的生活，仅仅因为这种生活是大多数人都选择过的，所以被称为“平庸”。

说到平庸，也许，秋画家拥有的不过是平庸的艺术，而阿春至少拥有了不平庸的生活。

画家的女粉丝

画家大风从前是我的邻居，我们多年前都蜗居在城中村。那时他常趴在玻璃茶几上画四尺宣，茶几还是我帮他从旧货市场上用自行车颤颤巍巍驮回来的，他送了我一幅花鸟小扇面来答谢。如今他的画价飙升，若他像梵高一样英年早逝，画价更是会翻着跟头地往上蹿。那些买了他的画的人，可能都在盼望千万要比他活得长。大风还盘问过我，是不是早把他的画揉了擦桌子了？我说："真的画家，要勇于面对被撕碎的作品。"

大风曾托我写画评，却嫌我没有一丝被钦点为"吹鼓手"的荣幸。我也自知不会把他写得跟神一样，就推荐了小西写。小西熬夜写了篇死长死长的文章，与其说大风是受用这篇文字，不如说是受用小西受宠若惊的态度。虽然这篇 20000 字的文章见报后只采用了 200 字，但大风头脑一热，还是发私信跟小西说，要送她一幅画表示感谢。

小西去取画时，画家正端坐在巨大的根雕茶海前对着一群女粉丝坐而论道，小西紧张得打嗝也没能影响他的高谈阔论。"女粉丝的仰慕"是大风有了一点名气后体验到的第一个好东西，就像燕窝对女人的滋补作用。可是，因为得顾忌老婆的情绪，一般粉丝见面会的时候都邀请夫人作陪。侧身坐在角落的蒲团上的小西，好不容易才学着像画家夫人那样把两只脚塞进腿底下。

令小西纳闷的是，每当女粉丝们目光灼灼，画家就会切换至秀恩爱频道：多年前他还没画室，除了在茶几上画，就只有到少年宫去画，顺便指点一下小朋友。小朋友画画，妈妈们在另一间教室做瑜伽。妈妈们都爱慕大风仙风道骨，喜欢拉上他一块儿做。有次他老婆来探班，“老妖精”们本以为自己徐娘风韵，没想到“男神”的老婆比妖精还妖精。“老妖精”们看看夫人的露背长裙，再看看自己的“游泳圈”，庆幸自己没冲上去……这段活色生香的八卦由大风亲自讲述出来，让在座的“妖精”们都臊眉耷眼，好像被人看穿了自己心怀叵测似的。

小西一眼瞥见夫人端庄地坐在蒲团上微笑，笑得很“人生赢家”，令人想起爱丽丝·门罗的小说《唯余收割者》里所描绘的，“有这样一类人，他们无论去哪里，都显得那么体面乐观，似乎能把他们所到各处的气氛都净化一新，对这些人说话，你得字斟句酌，免得显得格格不入”，你的一生在他们面前准会被“视为一场丢人的狼奔豕突，一个巨大的错误”。

大风没想到的是，年轻的粉丝们才不像当年的妈妈们。比如小西就坐不住了，索性抽出盘得酸痛的两腿，歪在了沙发上，事后还牙尖嘴利地对大风进行了报复性剖析：“有没有觉得他给粉丝们泼凉水泼得很自作多情？他夸老婆那段是怎么个意思？是委屈自己身不由己——‘还君明珠双泪垂，恨不相逢未嫁时’，还是在暗示女粉丝们迎难而上？”

再说大风，当小西提到送她画的事，大风的表情像便秘了一样，捣鼓半天，挑出一幅抹了几笔的大写意，不情愿地递给小西，悄悄叮咛：“别跟其他人说这是我送的，有人出两万我都没给……”

“爱豆”怎样给女粉丝发福利

秋画家的女粉丝众多，但不是你想的那样，也不是我想的那样，到底闹哪样，只有他自己知道。

比如粉丝梅子，每次画家在朋友圈秀一张新作，她就会给他写一篇画评。这种画评可能除了他俩没人看得下去，但梅子写得好激动，画家看得也好亢奋。梅子所在的城市距离画家一千多公里，画家收到远方的梅子给他写的画评，就像收到了情书一样陶醉。画家一厢情愿地觉得，这种精神上的崇拜比身体上的抚慰来得更舒爽。梅子可不这么想，有一次画家去梅子所在的城市，发微博时忘了设置地址屏蔽，暴露了行踪，梅子热情相邀，画家找了很多理由推脱，任务重、行程急什么的。对外的理由是，吃到鸡蛋就可以了，何必见下蛋的母鸡呢？那个真实的理由画家只会跟自己讲，他在朋友圈见过梅子的照片，然后就不想有然后了。

倘若梅子和画家在一个城市，可能会混成像毛毛、阿梨这样的学徒式粉丝，以学画为名接近画家，借机扮演个书童角色，红袖添香磨个墨呀，画家累了给捏捏肩呀，甚至在画家出去的时候发微信嗔怪：“要下雨了，你又忘了带伞！”获得一种比红颜知己更贴心的亲近感。

如果说毛毛她们对画家，就像阿朱对乔峰，小昭对张无忌，那么才女小冰之于画家，就像栊翠庵里的妙玉对待怡红院的宝玉。

画家聊起小冰来，既怜香惜玉，又有“还君明珠双泪垂”的愧疚：“我跟小冰说过我不会离婚的，因为只有我老婆能做到明知我有很多要好的女性朋友而不吃醋。如果是你，你能吗？”

和“老男人饭局”里男多女少的局面相反，画家喜欢把他的女粉丝们召集在一起吃饭，喝茶，聊天。画家沉醉在他的三宫六院的幻觉里，就像庄之蝶窝在他的废都里，他们都以为自己是这些关系里的君王，欣赏着女粉丝们为他们争风吃醋，不亦快哉。画家说起其他粉丝也会“如数家珍”：“现在她们都认清形势了，知道王后只能有一个。既然争不了那个‘唯一’的王后，就争当‘第一’宠妃吧。我呢，尽量做到雨露均沾。比如阿梨要给我灌酒，毛毛就劝我多喝茶，我只好开玩笑说，那个没见过面的梅子才是我的心头好。如果有女粉丝来求画，我就叫小冰过来一起闲聊。不能让她们任何人感到被冷落，黯然退场，也尽量避免和她们任何一位独处……”

画家坦言了从不答应和粉丝单独见面的原因：毕竟都是成年人了，见了面啥也不干，就纯粹聊天，聊着聊着，该说的就说完了，再不干啥就只有尴尬地坐着，面面相觑，两两无言。这的确是个奇怪的临界点，也就是说，到了这一步，不干啥吧，不礼貌，双方都会感到莫名的沮丧和失败；干点啥吧，关系就变质了，变成了情人或敌人。

因为都害怕会干破坏“双边关系”的事，只能扯些高尚艺术、人生理想之类的话，越说越空，越聊越素。为避免无聊，最好有人围观着。有了众人目光的介入和环绕，他们的“隔座送钩春酒暖”才变得曲径通幽，有了曼妙旖旎的趣味。也因为众人的目光的参与，他们的肢体语言不至于被降格到吃豆腐，或滑落到不得不进行的身体接触。

四

烟火

私人定制打架服务

我弟弟小肖年少时堪称战斗狂人，以致我奶奶经常得去给他收拾烂摊子。人家还没开口，奶奶就先掏出一颗速效救心丸塞到嘴里。于是，无论对方是老师、家长，还是“官府”，本来气得暴跳如雷，一看这情形，都选择先咽下去算了，不敢把事儿说得太重，否则老太太受不了犯病了还不得叫 120？

更小的时候，小肖和小伙伴虎子发现了一个新鲜玩意儿——胡同里有一家安了门铃。俩人可有玩具了，没事就趴人家门上按门铃，一听见里面有动静就跑。这个游戏玩到第三次出状况了，门铃刚一响，门“呼啦”一下就开了，两个小子赶紧撤，冲出来的大人死命追。跑得风驰电掣的小肖用余光看到虎子被那个气急败坏的大人追打，打得那货“哎哟哎哟”地叫唤，于是小肖脚下像是装了风火轮一般……如今有了肚腩的小肖提起当年，感慨自己曾经也算是一枚“风一样的汉子”啊。

别看虎子同学跑又跑不过小肖，打也打不过小肖，更不会像小肖那样为了显示自己的实力到处找高手对决，但是虎子有两个护身法宝——虎子一放学，他家的两只大狼狗就已经窝在学校门口跟俩门神一样恭候他了。家里穷咋了？买不起卫生纸咋了？虎子流鼻涕了，解手了，都会吹声口哨，他的两员护法就争先恐后地跑过来……

别看虎子没啥本事，平时小肖这个战斗级别的都懒得理他，脚痒痒了还没事找事踹他两脚，可只要虎子带上他家的两只大狼狗，小肖立刻就跟虎子成了一个战线的。虽然小肖并不情愿，但他晓得一定得跟虎子的狗保持高度一致。

小肖说，其实若真想收拾虎子也不是没办法，狗又不让进学校。只是虎子还有一个顶级护法——他爷爷。虎子说，他爷爷是当年飞夺泸定桥的勇士之一，拥有“免死金牌”的战斗英雄，左右手都能开枪，百步穿杨……小肖又不傻，打断虎子说：“吹吧你，你爷爷又不是押钞票的，还持枪呢？！”虎子改口说，他爷爷还有一把铁锨，一扔过来就直铲到人脖子上，当然只铲敌人和坏人，谁想试试？没人敢试，就连战斗力爆棚的小肖也不敢，万一虎子爷爷真有“免死金牌”，那失手了可是不偿命的。所以，尽管小肖看见虎子就手痒，还是克制住了揍他的欲望。

小肖战斗力最巅峰的时期，成天在家打沙袋，眼看着一只脚迈进专业“打手”队伍了，偶尔还会有“客户”来找小肖私人定制打架服务，可惜小肖接的第一单就不顺。有个男孩找到小肖，请了他一顿啤酒加羊肉泡馍，让小肖“帮忙打个人”。小肖酒足饭饱，跟“客户”到达指定地点，让客户前去骂阵，勾起待打击对象的火气来，给出手找个正当理由。话说这小子的挑衅也并非没有技术含量：“爸，给我发根烟。”小肖看到他的那位对手一边起身，一边脱鞋：“你小子说啥？！”眼瞅情形不对，小肖一溜烟跑出门，背后传来鞋底子和皮肉噼里啪啦响亮接触的声音……

第二天，小肖这位奇葩“客户”头上缠着绷带找来了，谴责小肖没诚信：“吃了，喝了，该办事的时候你咋给跑了？！”小肖无语，心想：以为你组织的只是一场普通级别的校园霸凌，没想到你升级打老怪了，跟这个重量级别的都敢约架？事后小肖庆幸自己未雨绸缪，没少在操场上练跑步，就是为了关键时刻能突围。

坚持了四十年的团圆家宴

我们家族每年正月初二举办家宴，算算已经有四十年了。从开始的我爸的兄弟姊妹六个人，发展到后来的大人一桌、小孩一桌，到现在老老少少四十多人四世同堂。

今年的家宴聚会，轮到小叔家承办。小叔家大女儿——堂妹格格实力抢镜：长大衣，高筒靴，气场两米八，十足的衣锦还乡的派头。这些年格格去了南方城市发展，买了别墅，一家四口开着车逛回来。回乡目标很明确，房价在涨，回来购置一套用来投资的房产。婶子专门强调，女儿在家乡买的这套房产，名字在自己名下。八卦的亲戚们从只言片语里捕捉到很多信息：这房子虽然是格格老公出的钱，却跟他一点关系没有，毕竟她老公有个前妻生的儿子。如果房产证上的名字是夫妻双方的，那么前妻的儿子以后就有权分这个房子，可见格格御夫有术心机深。

格格专门过来跟我和表姐坐在一起，感谢我们从前对她的照顾。我愣了一下，依稀记得她从前爱黏我和表姐，经常跟我们一起逛街……若不是她提起，我还真想不起来。十几年前，格格刚毕业，到处找地方打工，发过小广告，做过推销员、培训师，脸上的青春痘怎么治也治不好，表姐给她介绍了几个对象，都是男方嫌弃她工作不稳定，相貌平平……相反，这些年表姐遭遇了婚变，在生活的风雨里飘摇挣扎。当格格陪表姐坐在角落里聊起过往，有谁比落魄的表姐更能陪衬出光鲜的格格如今的春风得意？幸不幸福是甘苦自知，但成不成功却是比出来的。岁月不仅是杀猪刀，还是魔法师，弹指一挥间，就完成了两个人命运的乾坤大挪移。

家宴上永远会有一个格格不入的人，比如我妈。我婶子随口说了句，“咱姐家的重孙来了，你也不知道抱抱人家娃娃”，我妈就气得离开坐席，跑了三个桌子，给每个人解释：“娃一来我就抱过了！我是第一个抱的！我抱的时候娃还是笑的，后来她们一抱娃就哭了！”直到在我右边落座，还在抱怨我婶子：“没看见就胡说八道！”“净说些没成色的话！”浑然不管我婶子的儿子一家三口就在她左边。我妈给每个人唠叨的时候，还特意加上“你婶子”“你弟媳”“你家 × × ×”……强调“你”是让听她说话的每个人有愧疚感：这个没成色的傻子是你们家的，你要为这个人的“傻缺”行为负责！

我妈退休后隐居郊外，每天种菜，养花，画画，在她单纯宁静的生活当中，很少能见到这么大一群人——寒暄，问候，打听，质疑……应对这些，远远超过了她的社交承受度。就像一个经常吃素的人，忽然塞给他一堆重口味大餐；一个经常听轻音乐的人，忽然给他放重金属音乐。长期的田园生活，使得她与人群疏离，已经不能够对复杂的外界信息迅速做出准确回应了，于是总像是头上长了两个触角，敏感得不得了。这两个触角随时变成顶角，一言不合就竖起来准备战斗。

我小姑问了句：“蕊蕊咋又没来？”我妈气得恨不得逃离她三丈远。我姐蕊蕊近几年总是缺席家宴，她在一个研究所搞科研，虽然获过很多奖项，但这个学究对人情世故一窍不通。每年都有亲戚找她给孩子办入学、找工作……办吧，她为难得焦头烂额；

不办吧，又得罪亲戚。于是她即便人在本地，也会找借口不参加家宴。今年过年还不等我爸妈劝说，蕊蕊索性出国了。对父母辈来说，走亲戚聚会，一家人齐齐整整最重要。她不来，我妈本来就窝火，小姑一问，我妈不由得恼羞成怒，迁怒小姑，说她哪壶不开提哪壶！

其实一年见一回的亲戚们不过是在没话找话，在我妈细腻敏感的思维方式里，会把这种“应酬式”的寒暄客套当真。何况今年小姑家的表妹兰兰也没来。与格格同岁的兰兰说，她最见不得格格发压岁钱连红包都不装，就像天女散花一样散钱，简直就是炫富，嘚瑟！于是听说格格回来了，兰兰故意不出席以示抗议。家宴上永远缺席的人还有二姑家的儿子大强。大强从小就被蕊蕊这个“别人家的孩子”碾压。学霸蕊蕊在多年的家宴上没少被长辈们各种夸，夸就夸，还顺便敲打一下学渣大强——“看看蕊蕊！看看你！”于是，大强在成年后就再也不来参加家宴了。

家宴是最世俗的人间烟火，才不会管你是不是心理成长了，灵魂是否升华了什么的，在这个世俗成绩的颁奖台上，奖项只会青睐“事业成功，团圆幸福”的人设。比如年后表姐跟我打电话吐槽：没想到自己 40 多岁的人了，还会在家宴上遭遇催婚，不仅催结婚，还催离婚！表姐和现任老公分居，今年又是一个人出席家宴，被小姑拉着她问：“你要么就赶紧离婚，别这么拖着，过几年年龄大了，更麻烦……娃她爸那头啥情况？听说也没结婚，那你得抓紧时间，把自己打扮打扮，收拾漂亮些，对他好一点，能复合就复合……”表姐气得嘟囔：“分居也是一种生活方式好吧，我觉得现在挺好的呀！我又不是处理商品，也没皇位赶着去继承，不知道他们都着急个啥？”

家宴会使得繁华更加锦上添花，也使得龃龉更加触目惊心。大约十几年前，有一年轮到二姑承办家宴，二姑为了节省开支，只邀请了平辈们参加。表姐不清楚状况，携老公儿子去了，因为坐不下，四岁的儿子站在那里唱了首《新年好》，一家三口就被迫撤离。为此，表姐夫跟表姐当场吵翻，话说得很难听，说他本来就不想来，非要让来，来了又不招呼，他儿子又不是卖唱的！又一年，轮到大姑家承办家宴，表哥出了车祸，大姑心里吃力，草草在学校食堂办的家宴。偌大地方，没有暖气，人坐满了都显得冷清。还有一年，轮到小叔承办家宴，小叔从家里带了几个暖瓶，里面装满了自酿的稠酒。进酒店的旋转门时，后面的表弟没注意，将门一推，旋转门把一个暖瓶夹碎了，一声巨响，热乎乎的稠酒洒了一地，表弟挨了一顿暴打……每到这个时候，我不免会觉得家宴这个事物好多余，简直就是老一辈虚荣心的产物。每年几个小时的短暂聚集，使得大家谁也没时间品味感情、滋养亲情，相反，随着家族里人越来越多，真情被攀比遮蔽，细腻被粗鄙碾压。

可是村上春树说，任何一种事物，如果一直坚持，也自会生发出意义。就像丑陋的核桃盘久了也会出釉。我们家族的家宴，年年这么聚，不知不觉已经几十年了。这么多年间，仅我们这一代就起起伏伏发生了很多故事和事故。我们目睹了大表姐离婚，二表哥出事故，像鹿晗一样清秀的表弟发福，表弟、表妹们结婚、生二胎、撑门立户，看到哥姐小心谨慎地呵护婚姻……今年，大姑的孙女抱来了她的孩子，这个家族突然因为这个重孙子，繁衍成了四世同堂。人们看那个孩子的眼神，就像看到了雪化以后的整个春天。

当我学会站在父母辈的立场上看待家宴的时候，不由得理解了我爸和他那些兄弟姊妹的虚荣，或说是坚持。这何尝不是他们对碾压他们的艰辛平庸生活的一次次奋力反击？在普通人平凡的日子里，总是需要这么一场盛宴来摇旗呐喊、振作精神，哪怕只有表面的鲜花着锦，一瞬间的烈火烹油。看到儿女辈们的繁荣和坎坷，傲娇和挣扎，精彩和磨难，老人们仿佛又重新经历了一遍自己的人生。更重要的是，在一年一度、周而复始的家宴上，每个人都能看到时光流淌过的痕迹，见证了生生不息的血缘奇迹。

柠檬和生蚝在战斗

我弟小肖带全家去美国杰克逊维尔小住。去之前，小肖预想了各种可能发生的状况，但令他没想到的是，我爹与他的所有分歧，都是围绕食物发生的。

在租住的民宿里，小肖叮嘱我爹，残汤剩饭尽量别扔垃圾桶，就直接倒在水槽里，下水道口有个粉碎机，会把鸡蛋壳、苹果核都粉碎冲走。垃圾桶堆放了容易腐烂的食物垃圾，屋里会很难闻，垃圾工人清理时也会抗议。

可每次我爹削果皮、剥菜叶的时候，都要站在水池边纠结良久，下不了手。估计当他下定决心硬着头皮往下水道里扔食物残余的时候，内心都会有罪恶感油然而生。当我爹又一次环顾左右，准备趁人不备，找个垃圾袋啥的把这些果核、果皮装起来的时候，被小肖一把夺过去，给他演示：哗啦一下把剩菜倒进水池子里。这简直是所有厨房动作里最流畅、最一气呵成的动作啊，有那么难吗？

可这个动作，我爹无论如何也学不会。与其说学不会，不如说压根不想学，他很质疑这个举动的正当性。在老家，他有个桶，专门放各种残汤剩肴，沤成有机肥浇菜园子。此刻，他也想留着残渣给外面的草地和花草上肥，却被小肖阻止……直到我们离开那天，爹都遗憾，这家房东咋也不露个面呢？他有好多意见要给房东提呢。比如：这么大院子，不种菜只种花花草草太浪费了；剩饭剩菜可以喂鸡喂鱼，也可以填埋院子，别扔下水道了，太浪费！

其实我爹不是那种爱囤积垃圾的人，他扔东西也有手快的时候。小时候，一眼不见，我的宝贝——仿珍珠耳环和贝壳项链就被他扔了，以我爹“不爱红装爱武装”的审美观，见不得这些腐蚀人意志的玩意儿。珍珠宝贝对他来说是垃圾，残汤剩饭对他来说是珍宝。从小小肖最受不了的就是爹用锐利的铲子猛刮锅底的声音，爹总要求我们刮锅刮到粒米不留，你不跟锅底有仇，就是跟爹作对。

我们在老肖面前处理任何食物残余的方式，都是他不忍直视的。还是在美国，有一次，他追着我问：“你怎么把炒锅洗了？里面不是还有剩油吗？”我妈在老肖背后给我做手势，意思是你老爹又葛朗台附身了。小肖警觉地问：“你要那些剩油做啥？”老肖说：“我想给外面的草地和花园上肥……”小肖说：“千万别往别人家地里乱埋什么东西！万一地里招来虫子什么的，人家还叫咱承担除虫的费用……”

爹妈出去散步，回来拾了一大堆柠檬。小肖警告他们说，这些柠檬看上去是在外面种的，但都是私人财产，掉地上也是有所有权的……小肖为了让爹听话，不惜危言耸听：“这个州枪支合法，你拿别人东西，小心人家开枪！”离开美国时，爹舍不得捡来的那堆柠檬，就把柠檬削了皮，用柠檬肉泡了水带上。过安检时，小肖要帮爹把水倒了，爹劈手从小肖手里夺过杯子，把柠檬水一饮而尽。小肖的表情可以解读为“天哪！还有这种神操作？！”，可以做成表情包在网上刷流量了。

所有的偏执都源于匮乏。老肖对土地和肥料的感情应该是几十年前生发的。那时候爹妈大学毕业支援三线建设，厂里的房前屋后，半山坡的荒地，都变成了职工的菜园子，公共厕所里的粪便经常是一干二净。老肖一般会在凌晨起来，穿上高筒雨鞋，拿上粪勺、粪桶，带上手电筒去公厕排队抢有机肥。鉴于当年半夜抢肥料和现在半夜排队抢房子、抢学号一样艰苦卓绝，所以每次处理剩饭、剩菜，对老肖来说，都是一种莫大的折磨。

当然，也不是所有的食物都能引发爹的珍爱之情，比如——生蚝。有一次，全家在一家海边小店里吃饭，小肖发现一家店的生蚝才卖两“美刀”，兴奋极了。小肖平时应酬请人吃的生蚝，一只上百元，还不怎么新鲜。请客户的话，吃的哪里是生蚝，那是面子。面子这东西嘛，本来就不可描述。话说生蚝又贵又难吃，就像贵妇们穿的衣服一样，又贵又不舒服，可吃着吃着，就吃出了感情。比如生蚝之于小肖，因求之不得而变成镜花水月。当他发现如花隔云端的美人，忽然变得触手可及，还不抓紧过过瘾？小肖边大快朵颐边算账：太便宜了！吃到就是赚到！再多吃些把机票钱都省出来了！

爹默默地看着小肖又点了六个生蚝，把自己捡回柠檬时小肖看他的那个饱含鄙夷和惊叹的表情原版复制，加倍送还。一路上，小肖和我爹把这款表情包你送我，我送你，频频使用，倒是一点也没浪费。

你能说我过得不好吗

高考不仅是一场考试，更是一个话题。成绩下来以后，追热点的自媒体们在指点考生们怎么报志愿，朋友圈里在晒成绩，连门口卖肉夹馍的大妈跟顾客搭讪的话题都是："这回高考状元咋让高新一中给夺了？"在这样如火如荼的背景下，如果不随波逐流地关心一下高考话题，还真需要很大的定力呢。

薇表姐的娃参加了今年高考，她在朋友圈里却只字未提，也许因为她就在风暴中心。薇表姐说，她娃的分数够上二本，本来想着今年像发射卫星一样把孩子送走，可是孩子坚决不报志愿，一心想复读。表姐很纠结，又没法跟表姐夫讨论。对表姐夫的老家人而言，孩子能考上西北五省最大城市的大学，已经是喜从天降了，管它什么"985"和"211"。大家听说这个成绩都额手称庆，嚷嚷着要他们摆席请客呢！

薇表姐对他们的祝贺避之唯恐不及，她在中学同学群里找了学历最高的芮教授私聊这个事。当年的芮同学高考上了名校建筑系后，又一路读研读博，去伯克利游学，开设计所，当教授，和老同学们没多少共同语言了。令她没想到的是，芮的建议很真诚，甚至过于实诚了。"如果不给孩子搏一把的机会，没能上名校，圈子就变了，就堕落到另一个社会阶层了，再想上去就难了……"尽管芮教授说得已经很委婉了，薇表姐还是听出了其中的鄙视链，感觉很不爽，难怪几个同学对芮教授都有微词：“芮这人太清高，不过就是上了个名校，凭啥就自以为高人一等呢？”

薇表姐对面办公桌的小凌劝她说：“你别听她的，我就是个二本毕业的。二本咋了？我不是一样工作顺利，家庭幸福吗？上一本能咋？咱公司的那些一本毕业的同事，不是还得找我给他们报账，报账的时候还得给我说好话，得看我的脸色吗？你能说我上二本的没他们上一本的混得好吗？”薇表姐不敢坦陈其实自己还是倾向支持娃复读，如果这么说，就是否定小凌的成功和幸福。

薇表姐的发小阿苗，算是朋友圈里最有主见、最特立独行的，她也不建议复读。她说：“为啥非要用一个社会标尺来衡量自己成功与否呢？最重要的是找到自我！我当年不就考了个连二本都算不上的大学，你能说我现在过得不好吗？”用薇表姐父母的话说：“阿苗过得可真恓惶呢，一个人住那么大个房子，要啥没啥！除了换车、换男友换得勤……”尽管薇表姐也没少为阿苗辩解：“阿苗是个特别有个性的自由画家，你们说的工作呀，婚姻呀，孩子呀，又不是她想要的！”可是如今听着阿苗那毋庸置疑的口气，薇表姐却无言以对，再深入讨论下去，就会泄露自己其实也没少质疑阿苗的际遇或选择。的确没人好意思当面儿说阿苗过得不好，但转过身也没人敢倡导自家娃向她学习……这样“三观”不合的话还是免谈，再谈下去，友谊的小船说翻就翻了。

讨论来，讨论去，薇表姐感觉更乱了，就像瞎子摸象，你在谈成功，人家跟你扯幸福，秀自我……这哪里是咨询高考，简直就是人性测试。在这场测试中，尽管答案各不相同，倒是有一个共同点，那就是每个人都勇于现身说法，都只提自己辉煌的那一面，都觉得自己走过的路是最好的路，自己过的才是最好的人生，欢迎垂询，模仿，复制。

大熊猫变成流浪猫

高考结束以后，我以为家有考生的万姐会给我描绘“翻身农奴把歌唱”的锦绣蓝图和规划，比如每年放飞自己出游几次，开始学画画、舞蹈、音乐……从前都是把女儿当公主宠，现在该把自己当女王宠一宠了。

没想到的是，高考完的第一天，万姐上演了跟自家高考生的争吵大戏。前一天还你侬我侬，买了一把花送给女儿，把女儿送到考场，不想今天就画风突变。早上和女儿大吵一架，把昨天才高考完的女儿赶出了家门。原因是女儿拒不回学校进行高考估分，说因为没考好，没勇气面对老师和同学。万姐说，昨天中午还给娃要了最贵的高考营养套餐，怕她在考场上晕倒，跪求公主殿下多少赏脸吃几口。今天考完，当妈的做了米饭，女儿不吃，万姐立马在饭里放了一勺油辣子，泡了杯茶，自己坐到那儿香香地吃！谁宝贝谁呀！那个时代已经结束了！就像段子里写的：“高考完的少爷公主们，从今天起，你就会从大熊猫变成流浪猫，从珍稀动物变成野生动物。你在家里作威作福的日子将一去不复返了，请准确给自己定位。跟你爸妈说话要注意语气，因为，他们忍你很久了。”

万姐不由得回忆起自己陪读多年的辛酸：在孩子小升初后，一大早跑到学校跟门卫拉关系，打探消息，缠到门卫大爷都不耐烦了，像轰赶一个纠缠不休的追求者一样把她赶出了门房。当听到女儿成绩压线被录取，她打个车就往学校赶，生怕钱交晚了一分钟娃上不了学，对着出租车默默祈祷“车呀，车呀，你快些跑呀”。见到校长，简直像《霸王别姬》里的小豆子他娘附身。当时她的眼里，校长就是“男神”！诚惶诚恐双手奉上学费，差点说：“这是给您的香火钱！请千万笑纳！”现在回忆起来，为了娃上个初中，当妈妈的总是语无伦次，总要出尽百宝。

最熬煎的时候，是女儿中考成绩下来后，她辗转托人找到一个学校的老师，给人家发短信问分数线情况。对方说“一会儿回你”，于是她抱着个手机，上厕所都不敢丢手，就像抱着个生死牌。不小心手触碰了屏，屏幕一闪亮，以为是信息，不，以为是星星，是漆黑夜里给人以希望的星光！这不是在等关于分数线的信息，等的是娃的前途和命运！到凌晨两点实在忍不住了，发了个让老师的老婆想把他打死的短信，肉麻得现在想起来还只想拿头撞墙……

万姐说，这些年来，自己时而希望满满，觉得这小家伙行啊，豪气干云，壮志冲天，给根针都能把天捅个窟窿；时而失望到谷底，没想到这位不过是人怂话硬，给个金箍棒连个老鼠也抓不住。时而以为自己牵了匹汗血宝马，时而发现只不过拽了只兔子；时而感觉自己娃定是块深藏不露的好料子，时而发现不过是坨土泥巴，最多能烤个碗！于是，对着这坨扶不上墙的泥巴，万姐将多年的辛苦和积怨爆发了出来：“你成天躲在（手机）屏幕后，以为你是制片人呀，以为你是幕后英雄吗？你想啥去争取呀！你也考完了，以后的人生你自己面对，我不会给你逢山开路、遇水架桥了！”

最后，万姐以劫后余生的过来人身份感慨地说：“这养一个娃都历尽艰辛，也不知道我弟弟咋想的，还敢生二胎？”说到手机，她低头看了看自己的手机，“弟弟一家四口住 70 平方米的房子，他一个人养不工作的老婆和两个娃，是怎么做到一点也不恐慌，不焦虑，还美滋滋的？竟然有事没事在朋友圈里发什么‘小火锅吃起来’。”

高考“难民”的边界冲突

小咪的侄女蕾蕾为了高考复读，上了寄宿补习学校。

眼看着距离又一次高考不足百天了，蕾蕾在宿舍的人际关系出了状况，与一个外号叫“翠花”的舍友频起摩擦。

有一天“翠花”的男友来看她，她打扮了一番出去约会。看到她把脸抹得那么白，嘴涂得那么红，蕾蕾忍不住笑出了声。“翠花”当时脸色都变了，加上她回来后沉浸在离别的心碎里，脸色更难看。如果在从前就读的县城中学，别说舍友，就是路遇的同学或邻居看到她这么伤心欲绝，都会上前打问，帮着开解，尽管劝完以后，她的心碎全班、全校、全县路人皆知。用隐私来换取安慰同情，这在县城是默认的人情世故。但在大城市，你的脆弱你负责，我才没兴趣听你絮叨“革命家史”，你将你的负面情绪随便倾倒给我才是欺负我呢。蕾蕾默默地吃饭学习，对“翠花”的伤春悲秋表示无感，梁子就这么结下来了。

在这件事之前，两人友谊的小船就已经遇险。学校举办迎春晚会，“翠花”摩拳擦掌，要表演徒手掰苹果。在她看来，这个舞台好大，好漂亮。“我要在上面翻二十个跟头，虽然我的能耐有限，只能翻两个，但我要让所有人都看我！看我！看我！”她动员全宿舍女生一起练习掰苹果。蕾蕾说，“我光会吃，不会掰，也没时间练习。”蕾蕾一点也不稀罕这个舞台。蕾蕾从前读的高中，观众都是未来的“985”苗子、“双一流”精英，尽管如此，无论是扔西瓜，还是送鲜花，上台表演对她来说都没啥吸引力，何况是在这么个高考“难民营”？于是蕾蕾毫不犹豫地拒绝了。在蕾蕾眼里，大家都是高考“难民”，压力山大，头悬梁，锥刺股，谋个前程要紧，哪个顾得上交朋友，谈心情？也没工夫拉关系，出风头。

苹果没掰成，蕾蕾跟“翠花”也闹掰了。“翠花”学习不上心，怄气可是一流的。她拉拢一切能拉拢的力量孤立蕾蕾，出出进进都不忘附赠给蕾蕾一张冷脸或白眼；故意在蕾蕾晚上洗脚之前，把暖瓶里的开水用完；趁蕾蕾午休，故意在下铺摇床……

这个叫“翠花”的小朋友的花式怄气，把蕾蕾刻薄的小姨都气笑了：“这孩子在哪里学的这些个把戏？是被她的哪个长辈传染的吧？在资源少的地方，能争夺的，就是夫家的权力和在婆家的地位。尽管婆家并没有皇位要继承，但是有啥争啥呗……算了，不跟她计较了，在婆家争一个粪桶的使用权，和在大公司里争当CEO，都算是有上进心！”

蕾蕾爸爸分析说，在“翠花”从前的县城里，她应该算是个泼辣热情的孩子。但和县城里的人情社会相比，大城市的人们都孑然独行，孤独且冷漠。尤其是蕾蕾这样青春期的孩子，又高傲，又孤单，内心一团冰山，又想和太阳肩并肩。“翠花”的组织能力、号召能力在这里完全没有用武之地，四处碰壁难免让她感到失落。

蕾蕾爸爸也想过是否自己出马，去学校找老师或“翠花”谈谈。可是细想想，当家长的总不能80岁了还拄着拐棍帮娃去戳人吧？既然上补习学校是蕾蕾自己的选择，处理人际关系也是学习附送的套餐。孩子得自己想办法面对这些思维落差导致的边界冲突，这也是她成长的一部分。

聊啥都行，别讲道理

我妈那个年代，和姐妹们聊天的内容一般是：做变蛋的草木灰去哪里找；在纸箱子里孵小鸡的温度保持在多少合适；最近有谁去上海出差，麻烦给捎本新款的裁缝书；周末可以去山那边转转，会碰见渔夫从水库里新打来的鱼，活蹦蹦的，很新鲜；最近厂里商店进了一批花布，可以给丫头们做裙子……她们说的大都是与生产、生活息息相关的话题。

到了我小姨她们的年代，聊天内容变成家长里短。公司里某某上司贪污腐败被"笼"了，某同事的老公有外遇了，某某和老婆摊牌了，老婆和小三谈判了……这些麻辣鲜香的内容，和当时的电视连续剧同步播出，连续剧中的人物，在现实里总能找到相应的"原型"，使得她们的聊天内容从电视剧里的离婚、出轨到现实里的狗血纷争，内容丰富精彩，情节离奇曲折，讲起来口若悬河，听上去惊心动魄。

到了我这个年代，"闲坐说玄宗"那几乎是白头宫女才干的事了！房价这么贵，个个忙成狗，平时有事微信，无事点赞，与其聚在一起聊没营养的八卦，不如行动起来抓拍个小视频，还能刷点流量。即便聚会聊天，谁都没有耐心听故事了，直接讲道理。所谓闺蜜的作用，大概就是：给彼此把脉，分析要不要结婚或离婚，要不要分手或复合；怎样稳、准、狠地扑倒某人；如何从一段关系里抽身，挥一挥衣袖，还不带走一片云彩……道理都是从关注的公众号上直接搬下来的，能不能用于实战尚且不知，反正听上去都铿锵有力，不容置疑。

公众号文章看多了，每个人都“能不够”附体。何况在每个个体的“能不够”之上，还有更多的各行各业的无所不知、无所不晓的“专家”“顾问”在争着抢着要当你的人生导师。他们教你如何创新，变成把握时代级风口的投资者和创业者；教你如何把握感情、掌握命运，拥有一个自己说了算的人生；告诉你社会就好比一个丛林，你身边有无尽的争斗和猜忌，匕首和陷阱，即便面对亲朋好友，制衡起来也要处处当心，必须学会处理好复杂的关系，才有资格安全生活在丛林之中……

面对面地坐下来闲聊这件事已经不再是刚需。跟人闲聊所花费的咖啡钱，能买到你想知道的一切，还不算“两人对酌山花开，一杯一杯复一杯”所耗费的时间成本。齐格蒙特·鲍曼的《流动的现代性》里说到，购物已经不只是购买食物、鞋子、汽车什么的，如今我们什么都能买到，“购买赢得心爱的人的爱情，而又能在爱情褪色、关系不和时，能以最小的代价来终结这种结合的方法；……购买那些令人垂涎三尺的食物，和最为有效的能消除因吃了它们而引起的副作用的减肥方法；购买音量最大的音响和最有疗效的头痛片”……瞧瞧吧，有啥好聊的呢？你还没开口，对方在手机 App 上一划拉，啥都知道了。

到我家小朋友这一代，过年时亲友们济济一堂。可是，哪个亲戚胆敢摆出一副苦口婆心的架势，得到的恐怕会是尴尬而不失礼貌的微笑。更有个性的孩子甚至跟长辈正色宣布，“聊啥都行，别讲道理”，就像公司白领的吐槽——“再苦再累也不怕，就怕被老板强灌世界观”。受到抵制的亲戚、老板也很委屈：“其实……人家……人家只是想找个人闲聊而已。”

我谈恋爱了，你啥反应

有孩子的人都会面临一个问题，那就是孩子从小到大会问很多异想天开、奇形怪状的问题，而你，必须装作一点儿也不奇怪，回答得天衣无缝，滴水不漏。

说实话，我家小孩小时候问的问题，我基本上能糊弄着回答，虽然有时候问得没水平，答得也不耐烦。比如，她问："为什么晚上月亮会跟着每个人走？为什么白天太阳把能占的地方都占了？"我答："月亮真是个没立场的家伙，太阳也真不是个省心的东西！"

孩子大了以后，不太好糊弄了，人家在短短的一年之内，学了声光电力，还有各种化学反应，经常自带外挂。多数情况下，我不再敢嘲笑她的智商和理解力，相反，被她抓住我胡说八道的次数越来越多，并且用现代科学的那种横扫一切怪力乱神的攻击性力量来纠正我。我只好用"人家是文科生嘛！"这个挡箭牌抵挡。后来，我寻思着反正已经威严扫地啦，不如胡喷到底吧。

昨天我家那个青春期孩子问的问题是："如果家长知道孩子谈恋爱了，一般会有什么反应？"

我开始还准备用社会学的知识认真对待，说："那得界定这个小孩的爹妈是什么年代的。如果是姥姥爷爷那个年代的，大约会问'城里的，还是农村的'；再晚几年，也就是你姑奶奶问你小姨，大约会问‘有房没，有车吗’。”小孩对我的回答，流露出一丝不易察觉的鄙夷。自从小孩长大以后，别的没学好，这种家传的鄙夷神情学得“会会的”。

小孩并不想破坏聊天气氛，善意地掩藏了这鄙夷，给我面子继续聊：“你知道我们会问自己孩子什么吗？”我不假思索地说：“男的女的？”小孩眼睛瞪得大大的，一副“I 服了 YOU”的表情。这个表情我很受用，有种击败了全国 98% 家长的错觉。

每当我在娃面前卖弄，喷得五马长枪，而她终于流露出“佩服佩服”的表情时，就是我老人家最满足的时刻，话题会图穷匕见。她问：“要是你，你会问啥？”我脱口而出：“咋才谈？我以为你早就谈了呢！长这么大了，连个恋爱都没谈过，好意思不？”娃彻底无语了，用看奇葩的眼神斜觑我。

我开启了吹牛模式。我说：“其实呢，我这样的爹妈一点儿也不奇葩。现代科技发展得太快了，到你娃那一茬，问你孙子的时候，问‘男的女的’早过时了。他们会问，‘是人，还是机器人’，或者‘百分之多少的人’。到那时候，人和机器人的差别已经不大了。一个人，或许只有 30% 是肉身，大脑装了芯片，说不定已经换成了电脑，心、肝、肺啥的都换成高性能机器了；或者有些人讨厌天天保养皮肤、化妆啥的，干脆换成人工皮肤；有人嫌弃自己腿粗，换了人工大长腿，胸以下全是腿……

“当然了，未来是个多元化的世界，肯定有人并不喜欢这种标准化审美。说不定有人喜欢自己的手是仙人掌。说不定你女儿的女儿，也就是你外孙女，领回来一个安装了仙人掌做手掌的‘男盆友’。他未来的泰山大人很不喜欢，因为你女婿喜欢的手掌是菊花，而你女儿喜欢兰花手——不是那种唱戏的兰花手，是真正的植物兰花——你那可怜的准外孙女婿，为了讨好未来的岳父岳母，忍痛将一只手换成菊花，一只手换成兰花，挥舞着进了家门……”

看到她已经听傻了，我也攻其不备：“如果是这样，作为长辈的你，知道孩子谈恋爱了，该问些什么呢？”

冰箱里开出的油菜花

美食是有季节性的，做饭最适宜的季节反正不是夏天。刚入夏，我还一腔愚勇地战斗在厨房，慢慢发现这不仅是苦役，简直是刑罚。外面地表温度都能煎蛋了，烟熏火燎之间，外卖骑手从窗口“嗖”地掠过，就觉得自己傻呀，干吗不叫外卖？

秋天一到，我家又开灶了，以秋冬讲究进补为名，烧鸡、卤肉、蒸鱼纷纷上桌，吃肉吃得理直气壮。可囤了一冬的肥咋办？没事！反正春天讲究“咬青”，多吃些蔬菜不就清减了？春天菜场上任何一款绿叶子，凉调、清炒都很鲜嫩。有的菜甚至不怕放，因为买回家，它们还在悄悄地生长。我曾经把几棵小油菜放在冰箱里忘了吃，几天后发现冰箱里的油菜开出了一朵油菜花，不禁感慨春天里生命力之强大。可是很疑惑，它在冰箱里是怎样感知到春天的？

除了季节上的讲究，时间也是美食的催化剂。我做菜特别有灵感的时候是晚上。泡脚时微微饿了，翻出做菜的 App，此时看菜谱比看宫斗戏更着迷，特别受启发，有灵感，能快速理解，融会贯通，举一反三。许多新菜的步骤，都是我在泡脚的微饿状态下脑补出来的。第二天下厨，行云流水，一气呵成，充分找到了一个创造者的自信。

朋友阿猫说，她差一点就进入这样“过家家”一样的人生阶段了。某个春天，阿猫每天下班前会和某人通话：“今天吃什么？”然后两人就骑车满城转悠着觅食。人在春意萌动的时节，会生发出更细腻的感知，味觉也变得灵敏而矫情。那段时期，专心寻觅好吃的、更好吃的、更更好吃的，成了他们的一项游戏，比寻宝探幽还来劲。有朋友恭喜阿猫说，情侣们能在“吃什么”上成为同谋，就能在后续一系列合作上有所进展。“吃什么”里有“三观”，有味觉偏好，能看出爱或迁就。吃是和生活最基础、最亲密的触碰，如果陶醉于此，那距离一起买菜做饭、还房贷、买家具、走亲戚、会朋友的烟火人生不远了。

事情是从冬天急转直下的。在一场重感冒袭击之后，阿猫发现自己极其受不了对方总是点麻辣口味的菜。“不知道我嗓子不好需要清淡吗？”她也不像从前那样宽容重口味了，听到对方问“今天吃什么”的时候也不再兴奋了，反而有点倦怠。“吃吃吃，就知道吃！不觉得在吃什么这件事上浪费了太多时间吗？有这时间吃简单些，比如瓜果蔬菜，然后去跑步、走路、游泳锻炼身体不是更健康吗？”当对美食欲望减退之后，其他欲望也像退潮一样缓缓退却了。终于，阿猫发现自己差点决定与此人一起买菜做饭、走亲访友的这些想法很扯……阿猫默默回到断舍离、低欲望的生活节奏——晚餐“吃草”减肥，“吃瓜”刷剧。围观一下别人的生活，挺好，干吗要烟熏火燎、鸡飞狗跳地自己去体验？

后来阿猫归咎于都是美食惹的祸，因口腹之愉悦和爱情之欢娱有通感，冷不防就被那些美味的食物诱发了不适当的爱情。用作家阿城的话说，吃到特别鲜美的鱼，“入口即化，滑、嫩、烫，耳根会嗡的一声，薄泪泅濡”。作家提醒你，此刻“不要即刻用眼睛觅知音，那样容易被人误会为含情脉脉，低头心里感激就是了”。

用了四个锅炖羊肉

关西大汉操着秦地口音、举着刀厉声问我："剁哪块？"见我茫然地盯着一整只羊，明显不是"吃家"，他就更倨傲了。

北方男人没几个不会做羊肉的。深冬时分，几个同事聊起炖羊肉，都是一副"只有我的方法最正宗"的神气。有说炖羊肉时啥也别放只放花椒的，有说只放生姜的。这种"啥也不放"派，听上去比那种花里胡哨放很多香料的更厉害，就像不拿兵器、白衣飘飘现身在武林大会上的绝世高手。

其实现实版没那么美好。我爸炖羊肉就是用高压锅炖二十分钟，汤里扔些发好的粉丝、木耳，一人一块锅盔……类似于水盆羊肉的吃法。可店里卖的水盆羊肉，碗里的肉不是大块，而是举起来透明的一小片，吃完会意犹未尽。而我爸这种生怕娃娃们吃不饱的"大碗吃酒肉，论秤分金银"式粗犷操作，令人多少有些味觉审美疲劳。

我每次买了羊肉，都束手无策，又跃跃欲试，想尝试换一种饱含技术含量的新做法，做出有灵魂的美味。今年冬天，我第一次做红焖羊肉，历时四个小时，用了四个锅。先用铁锅加葱、姜、蒜、花椒、大料把肉炒香；怕煮不烂，就转移到高压锅里煮；又担心不入味，再倒进砂锅里炖，加酱油、冰糖、橘皮；想起羊肉的标配是香菜，又出门买香菜，不放心厨房明火，把肉倒进电炒锅里接着烧；回来看着差不多了，最后倒回铁锅里大火收汁……做这道菜几乎把家里所有的锅都用了一遍。

那天的红焖羊肉反响一般，家庭成员吃着炖了四个小时的羊肉的反应，和吃用高压锅二十分钟炖出来的没什么两样。成员之一只是格外专注地在每块肉上辨认肥肉，然后小心地剔出来扔掉；成员之二仔细地绕过花椒，冷静地夹起一块肉，辨认清楚再往嘴里送，以免把生姜当肉塞嘴里。

如果有神灵，比如灶王爷，看到我铆着劲儿把人间烟火折腾到极致，会不会感到欣慰？就像老师看到一个用力过猛的学生，每次作业都用至少四五种颜色的笔来标注。我也会反思自己为啥总采用这种最繁复、最吃力不讨好的烹饪方法。把菜谱上看到的香料一个也不能少地放进去，煎炸煮炖的流程一样不漏，应该不是怕对不起那只千辛万苦长大的羊，也不是指望家人们拍案叫绝，吃得狼吞虎咽，可能潜意识里只是希望生活热气腾腾，有滋有味。

亦舒的小说《喜宝》里，喜宝在剑桥读书时，包养她的勖存姿去看她，喜宝转眼工夫就做了四样菜，而且是上流社会私厨才会做的私房菜。凡食物能有的优点，这四样菜都有，就像但凡女人有的优点，喜宝一样也不少。看到这里，我甚是无语。如果交给喜宝一块羊肉，出身贫贱而天资聪颖的喜宝应该会把它们做成烤羊排，讨巧又快捷，用不着走心，还能最大限度地激发出味觉的快感。刚烤出来的羊排，金黄灿烂，芳香四溢，就像与某人初初相遇，一切都很饱满，刚刚好。可是这种做法需要赶紧吃，迅速凉下来的羊排，也像一段很快就相看两厌的感情，不知怎的，就变得不堪了，油腻冰冷。即便再加热，也不是从前的滋味了。

有种年气，叫过年生的气

正月初二，我妈给我打电话，让我问我弟媳今天能一起走亲戚吗？我妈为啥不自己问？婆媳之间嘛，呵呵，你懂的……用我妈的话说："人家丽丽是高贵的人，不屑于跟我们多话。"用我弟媳丽丽的话说是："妈跟我们说话总是阴阳怪气，大过年的，不如我们少说两句。"所以我不得不临危受命，当她俩中间的传话筒。

其实我弟弟小肖去年就说过，他们两口子以后不跟我妈去走亲戚了。原因是表妹说话不好听，去年她拉住我弟媳说："嫂子，你咋给我娃发那么小的红包呢？真是越有钱越小气！"我妈却说："小肖小时候是他姨妈帮着拉扯大的。他家孩子现在过得比你们辛苦，当哥嫂的不该帮帮他们？！"说着说着，我妈就悲戚起来："我想来想去，儿子是嫌弃我们了。过年这几天，他们两口子回来，就只坐在那里喝茶，不跟我们说话……"说着说着，我妈哭开了！哭开了！

按说此刻，我应该陪着一起掉眼泪的，却哭笑不得。客观地说，弟弟和弟媳表现得够可以了，给父母买带花园的新房子养老，经常回家看望父母，对父母把他们设计的小花园变成菜园子也不敢有意见……想来我妈平时打打太极拳，跳跳广场舞，写字画画，种树养花，"采菊东篱下，悠然见南山"，一切都岁月静好着，咋到过年就一切都不对了，给脸色，撂狠话，闹绝交，好像按错了什么键似的？

难怪每到过年见过亲戚之后，弟弟、弟媳就不太敢跟我妈搭腔了。毕竟我妈只要一开口，就拐弯抹角地给他们安排任务：“你姨妈家儿子最近要买房，你问一下人家需不需要帮忙。”“听说你们公司最近在招人？你舅家女儿马上毕业了，你给留个心。”“你那个从前相好过的女同学蓉蓉，在重点高中当老师了？你表姐的小儿子要中考了，你去找找蓉蓉呗。”……如果小肖敢推卸，我妈就敢撂狠话：“好吧！我知道你们瞧不起他们，恨不得甩掉这些亲戚。可我和你爸爸也不是石头缝里蹦出来的，我们也有兄弟姐妹，我们和他们一样，也是垃圾，你连我们也一起扔了吧！”

那可不可以事先就把丑话说前面，免得伤和气呢？小咪家的情况证明这个法子也不可行。当时小咪一家正开着车走亲戚，哥哥给老爹打预防针，让他少跟亲戚们乱吹牛、胡拉扯，自己照顾父母是应该的，可父母再要求把他们的兄弟姐妹以及侄女、外甥们都照顾上，那做儿子的就力不从心了。小咪老爹的台词跟我妈怼小肖的差不多，把“不孝顺，没良心”之类的词劈头盖脸往一米八个头的儿子脸上砸。小咪的哥哥气得差点效仿电影《伯德小姐》里面的一幕——青春期的伯德小姐和母亲吵架，从疾驰的车上拉开车门跳下，摔断了胳膊。小咪一看城门失火，马上要殃及池鱼，干脆说自己心脏病犯了——我先倒，你们随意！她爹妈一看女儿病倒，儿子发疯，亲戚也走不了啦，只好打道回家，转战厨房，把一堆肉馅剁得山响。

小咪说，难怪过年爹妈们要跟食物过不去，他们是把过年里生的气切碎剁烂，煎炸煮炖，这就叫作“年气”。正如作家和菜头说的，在网络上，春节是“爆发南北大战、贫富大战、城乡大战、亲戚大战、家庭大战的最佳时机”；在现实里，春节也是“解决积怨的好时节，有仇报仇，无仇过瘾，大家伙一块儿跟着起哄，坚决不把委屈带到新一年去”。

妈妈的花式劝食

周末去爸妈家。对于去爸妈家这件事，我和我姐都是一样的心情，如果妈妈不使劲地劝人吃饭，那就完美了。就连小姨——我妈的亲妹子，一说到她姐姐劝人吃饭的事情，都哭笑不得。

我们成年以后，陆续离开家，爸妈也搬了新屋。小姨去参观新居，吃完我妈做的晚饭，撑得几乎要走不动路，但还是得走，得消化呀。走了十几站地回家的小姨，一路走，一路吐……

没办法，如果不做足够的心理准备，很难抵御我妈的花式劝食。跟我爸比，我妈的厨艺稍逊，但是公平地说，她很会买食材。我妈在菜市场上很舍得买买买，总是捡全市场最新鲜的水果蔬菜买，捎带买很多核桃、瓜子、麻花、蚕豆……这些好吃的零食一股脑儿地堆在桌子上，你就会放松警惕，这个一把，那个一把，吃饭的时候发现已经有八成饱了。然后主餐上桌，热气腾腾，一般人很难抵御这种新鲜食材的诱惑。重点是，当你吃到极限的时候，我妈会不失时机地递过来一块煎饼，“就剩一个了，给咱解决掉”。你一想，一个煎饼而已，吃了！若不吃，她说得更恳切，“不吃完的话，你们一走都得剩下，我和你爸得吃一周的剩饭”。

吃的时候，她已经在削苹果了。当你咽下最后一口煎饼，一块苹果已经递到手里。你稍有难色，她就会说“苹果是帮助消化的”，打消顾虑，吃。苹果还没吃完，梨也削好在盘子里等着了。

吃了苹果不吃梨，对梨也不公平，就继续吃吃吃……

在爸妈家，你会发现，无论走到哪里，食物都如影随形。吸取小姨吃吐的教训，我吃完最后一块梨会赶紧离开餐桌。而在我离开之前，姐姐、姐夫早就跑了。可是，不论他们是在看电视，还是在书桌前看书，或者坐在院子里晒太阳，都能看到眼前摆着一盘刚刚削好的白兰瓜。

现代人总是喜欢用幼时创伤来解释遇到的人生问题。如果对某样事情极其执迷，多半是小时候在这件事上吃过苦或吃过亏。可能父母小时候食物匮乏，留下了心理阴影。曾经对于吃的极度渴望一直延续到现在，就成了这样，爱你就劝你吃吃吃。可是对我们来说，过于丰盛的食物，过于殷切的劝食，使得吃饭这件愉快的事变得令人避之唯恐不及。

其实我一直有个不厚道的揣测，因为我妈对自己的厨艺并不自信，所以不确定做出的东西能否充分地吸引人。就像天生丽质的姑娘会很有安全感，反过来，不太漂亮的，安全感就匮乏一些，总担心对方不再爱自己了，总需要得到确认，我妈也一样。

这事还得扯到我爸。我爸是个非常利索、爱干净的男人，尤其擅长做菜。可他却不是个暖男，相反，他脾气急躁，因为自己做得好，就见不得我妈做的活儿。我妈不论是炒菜，蒸馒头，还是熬稀饭，都会被我爸挑刺、批评。而且我爸当领导当惯了，训斥我妈就跟训斥他从前厂里的下属一样，或者因为是自己人，他说话更不客气。炒的菜，“放盐没轻重！”；蒸馒头，“一辈子都学不会！”；熬稀饭，“能照出影子！”……其实我觉得还好，我听过更难听的，比如某爸说某妈熬的稀饭就是“难民汤”。可是我妈这人内心清高，不受重话，他那种语气已经严重挫伤她做饭的积极性，导致她在厨艺最应该成长的阶段没有成长。一个总被批评的人，情绪不高，咋能出好活儿呢？通往厨房的路，对我妈来说，其实是一条畏途。但是家里来了人，又不得不下厨，因此，只好用劝食来掩盖自己的不确定感。拼命劝别人吃，其实是担心自己做得不好，慢待了对方。

不得不说，很多事是天生的。比如，有的女人天生母性很足，带小孩跟玩儿似的，相反，有的女人见了孩子就害怕，孩子还没变熊，她就变“河东狮”了；甚至，对有的人来说，打扫卫生、做家务是一种放松，而有的人一见这些琐碎杂事就犯怵。

做饭也一样，比如我大妗就很喜欢厨事。每到过年，大妗娘家一拨一拨地来人走亲戚拜年，大妗就做一大盆粉蒸肉，蒸很多馒头和包子，熬一大锅粥。来一拨人，切一盘卤牛肉、一盘肉冻，馏一碗粉蒸肉，来一盘炝莲藕或炒土豆丝。从亲戚进门到坐好，大妗一边跟他们寒暄着，一边四菜一汤已经端上来。我们小孩，饿了就跟着客人吃一顿，不饿就跑得没了影儿。这种想吃就吃、想啥时候吃就啥时候吃的感觉，在我家是无法体会到的。

而我的婆婆，一个农村家庭主妇，尽管只会做简单饭食，但会说很多场面上的应酬话。听她说得一套一套的，你反而不好意思放开了吃。比如，她说：“也不会做啥可口的，你们就凑合吧。”你就得说：“已经很丰盛了！谢谢妈！不要再弄菜了，您也过来一起吧……”她又会说：“不知道你们城里人的口味，做得不可口，将就啊！”于是，在这样的餐桌上，吃已经不是主要的，你首先得接住她的话。自从吃过婆家的饭之后，我才变成了一个坐在饭桌上却并不是为了吃饭的成年人。毕竟对成年人来说，大多数时候吃饭其实不是“吃饭”，只是借这个机会进行的社交。而有社交，就有权力的制衡或权力的再分配，即便是一场家宴。

每一家的吃饭气氛，其实都反映出这家人的日常生活氛围。而我家的吃饭气氛呢？我妈这种知识分子，说她是“老少女”也好，“公主病”也罢，生活一直没有逼着她学会看人眉高眼低，经历也没虐得她必须学着运筹帷幄。她既不像我大妗那样家里总有一大群人出出进进、吃吃喝喝，被锻炼得三头六臂；也不像我婆婆那样能说会道，即便你只喝她一口茶，她也会让你觉得喝到的是全天下最美味、最来之不易的茶。

我小时候，家里一来人，我妈就手忙脚乱。而我直到现在，最害怕的事还是“进厨房”——确切地说，是进有我妈在的厨房。看着她忙活，焦躁得像热锅上的蚂蚁，我也觉得自己仿佛在火上被炙烤。伴着“刺啦”一声热油的声音，然后看着她惊慌失措地把菜扔进锅里，不知为何，我还能清楚地看出动作里的怨恨，怨恨我没长大、笨手笨脚、帮不上忙、到处添乱……就像小时候我在房间里坐着看画报，我妈一把大拖把拖到脚下来，她说“起来！”的那一刻，我这边就画风突变，刚刚的惬意变成了紧张忐忑，心里在飞速地搜索自己究竟做错了什么又惹妈妈生气了，为什么她恨不得将我像灰尘、垃圾一样清理出去。

厨房是我们的禁地。刚一踏进厨房，我们就会被我妈赶出来，无论只是想帮帮忙，还是探看今天做的是啥饭。大妗也会把闲杂人从厨房往外赶，但即便赶人也有一种大气，会表现出那种“不需要帮忙”“就等着吃好的吧”的自信。而我妈，同样不欢迎别人进她的厨房，表现出来的是气急败坏，好像每个进厨房的人的目的就是存心围观她出丑。

大妗让你出去的时候，你觉得很放心，一会儿就心安理得地吃饭，想吃多少吃多少，吃不完她也有办法。我妈把我往外赶的时候，会让我感到害怕，因为过会儿的就餐时间不会好过。吃完了她会紧张，暗暗责备自己准备不足；吃不完的话，她会气呼呼地指挥你把剩菜赶快吃完，否则就是对不起她的“粒粒皆辛苦”。

成年以后，我下定决心闯一次妈妈的厨房。妈妈的反应果然还是：“别催！马上就好！”我一字一句地说：“我来帮忙。”妈妈几乎恼羞成怒：“不需要帮忙！出去！”我说：“我来吧！你出去！”其实我还想说：你要么不做，放着我来；要么你就心平气和地做，别吹胡子瞪眼睛的。当然这些心里话我肯定不能说。但母女相处时间长了，堆积了太多的求全之毁和不虞之隙，彼此即便不说话，一个表情也能激怒对方。外人看着根本不是事儿的事，在亲人之间却会勾起新仇旧恨。

我妈腔调都变了：“我的厨房我为啥要出去！”我俩近乎激烈的冲突后，我妈还是出去了，但是特别生气。我也很生气，你的厨房你就善待它啊，你的领地你要爱它啊，你的食物你要珍视它啊，你的孩子你要温和对她啊。可是你呢？厨房好像是令人讨厌的办公室，有机会就逃，可别人来占领，你又要霸占住；食物好像是垃圾，千辛万苦做好了，却总是急火火地煽呼大家“赶紧处理了”；而孩子呢？更别提了，我们小时候吃饭基本上是在“大人说话，小孩别插嘴”和“吃不完，脖子割下来灌”的台词中度过的。

姐姐说，有一件事她总也忘不了。有一年夏天，她游完泳回来买了一根冰棍，刚准备放嘴里，妈妈坐在椅子上长叹一声：“也不知道给大人吃一口。”她顿时吃也不是，不吃也不是。姐姐知道，她如果把冰棍给妈妈递过去，妈妈肯定也不会吃的。姐姐举着那根罪恶的冰棍再也吃不下去。多年以后，姐姐跟妈妈还是不能够好好聊天。

劝食之所以让人排斥，就是因为这“劝”里，除了爱，还有其他东西，比如逼你感到内疚，比如怨言……这些都使得这爱不纯粹了。世界上大多数的事都可以掺水分，唯有爱不可以。掺了水分的爱，即便是孩子也能感觉到，而且越是孩子越敏感。

长年累月地做饭、带孩子，对我妈来说一直是件辛苦的事。那些使得她受苦的人，都难免成为她迁怒的对象。她的恼怒也是不自觉的，甚至自己也不清楚怒从何来。这个怒，就是她不喜欢做饭、做家务，可是她有孩子，尽管力不从心，也不得不按照社会文化意义上的好妈妈的模板做下去。

于是就出现了一种拧巴的状况。我们成年以后，每次一获悉我们要去她家，她就会平均半小时一个电话地询问："你们走到哪里了？""还有多长时间到？"有时候，等我们到了以后，她却不见了踪影，打来电话说："我们跟你某某阿姨出去了，钥匙在窗台上，菜在冰箱，你们自己弄吃的吧。"等我们快离开的时候，她风尘仆仆地回来了……

第二种情况是，我们到了以后，发现家里还有一堆人——爸妈的老同学或朋友。估计他们的老朋友也感到奇怪，平时他们两个自己在家的时候为啥不呼朋唤友，非要在家庭聚会的时间接见朋友和同学？我估计很有可能还是和食物有关。我妈知道我们要去，就采购了一大堆。和面的时候，一想，和得太多了，算了，再叫些人来"解决"吧；既然又叫来了几个人，食物可能不够，那就再做一锅米饭；哎呦，好像又弄太多了，那就把你舅、你姨也叫来，刚好熬一锅羊肉汤，把冬天就没吃完的羊肉给"解决"了……妈妈很喜欢用"解决"这个词来劝食，就像我们吃的不是美食，而是垃圾，赶紧给打扫了，解决了。

可是，无论是对人，还是对食物，不走心对待，简单粗暴地"打扫"或"解决"，都只能导致越打扫越一地鸡毛，越解决越一团乱麻。

也许是因为在我妈成长的年代，没有所谓的“生活美学”。大多数人对待生活，与其说粗暴，不如说随性。现如今，我们和妈妈的共同话题越来越少，分歧越来越多了。她转发的《是中国人就转起来》《20 种千万不要碰的食物》，我只能装作看不见，不然呢？我需要她操心的事也越来越少了，她能告诫我的，就只有“吃好喝好”了，不然呢？

尽管我们都还保有对彼此的深爱。

家门口的那只大猫

一看到我的身影在大门口出现，这只猫就跑上前来，跟着我，小碎步。在我打开单元门前，它就早早地蹲在门口，做出一副起跑的姿势，以备门一开就冲进去，如果门缝开得太小，就挤进去。它跟着我从小区里往楼门口跑的时候，就像我家养的宠物一样。不同的是，别人家的小宠物跟着主人时会亦步亦趋，而这只花猫不会跟得太紧。它会和我保持安全距离，或以小区成队的车做掩护，迂回地接近，或从树篱间忽然冲出来，直接冲到单元门口，等着进门。它竟然一点儿也不担心我一脚把它踹飞。因为它这样无条件的信任，我总会为它把门打开。

大约两年前，它还是一只血气方刚的青少年猫的时候，家里闹老鼠，我总是想诱引它来家里。可是它挺傲慢的，多数时候，总是庄严地、凛然地蹲在墙头，神色淡淡的。即便捕猎，也不过是娱乐活动而已，一点儿也没有穷形恶相。有时候看到它蹲在花园里，一动不动，盯着不远处一只麻雀，忽然，箭一般扑上去，虽然多半连麻雀毛都碰不到，但身影矫健，活力喷薄。小区里的人经常把吃不完的鱼、肉用塑料袋装上，放在它出没的地方，它不缺吃的。它有骄傲的资本，以至于我都没什么可以诱惑它进屋的。

后来，老鼠被我们用粘鼠板粘住了，但我每次路过花园，还是叫几声“咪咪咪咪”，然后把吃的放在台阶上。它跑过来吃，也不介意我摸它。于是再后来，我就叫“咪咪咪咪进来”，它犹豫着，跟着进了单元门。我家在一楼，听见单元门在身后闭合，我就把门打开，它惊慌地在楼道里东躲西藏，藏无可藏的当儿，一头扎进房间里。我用刚炸好的鸡翅招呼它，它胆怯地靠近，吃一口就惊慌地看一眼四周。吃完了，它在房间里转悠，我跟着它，生怕把它吓跑了。但是它四处寻找掩体，从凳子底下，溜着边，一眼一眼地瞄整个房间，我才知道它是在到处找门儿。我把房门一打开，它刺溜一下就钻出去了。

以后，只要我叫“咪咪”，它就从花园里、树篱间、楼拐角颠颠儿地跑过来，跟我回屋，我就把平时吃剩的肉拿出来招待它。它像是能听懂一点点人话，我说，“看你在土里滚得脏的”，它就坐在地板上卖劲儿地舔毛，舔爪子，就像能听懂我对它的嫌弃。

有一次，我在厨房刷碗，刷完出来看到猫卧在沙发上。说实话，沙发的颜色和这只猫挺搭的，猫好像也知道这一点，它卧得很惬意，神情安然，仿佛它赏脸卧我的沙发，我应该受宠若惊才对。虽然知道它成天在垃圾堆里钻来钻去，身上有细菌、寄生虫、跳蚤，我还是忍了忍，没惊动它，怕会吓着它，以后不来玩儿了。毕竟，每天有只小动物乖乖在门口等你进门，这种感觉挺温暖的啊。

但是第二次，我就有点不能忍了。我从书房出来，发现地上滚着半个肉丸子，餐桌上的盘子里，晚餐还没吃完的丸子不见了。再找猫，它怡然地卧在沙发上，跟没事人一样。晚上给它吃了一大堆肉，它想必是吃饱了，否则肉丸子也不会剩下大半个。我恼火它糟蹋东西，就把它从沙发上轰下去，赶出门，心想它到底是只野兽，还是得防范着些。

有时候想，倘若它真和我打起架来，我还不一定能赢。别看它平时气定神闲地卧在那儿，团起来，也不过只有一小坨。但有一次，我把买的鱼放在案板上，它闻到鱼腥味儿，急了，站起来伸着脖子看。我吓了一跳，它把自己整个拉长，也有我身高一半了，何况，它还有着尖利的爪子。还有一次，它吃得咸了，跑到卫生间，趴在浴缸上。浴缸里有半缸水，它伸着头喝水，脖子那么长，而爪子把在滑溜溜的浴缸边缘，看着惊险又好笑。它的屁股撅着，我特别想把它推下浴缸，也不知是单纯想跟它开个玩笑，还是想虐待它。我会时不时被自己类似的想法吓到。

它来得多了，一次比一次把自己不当外人。当它又一次弄脏了我的白床单，我追着它满屋子打，还找到了一个合适打它的工具——竹制的痒痒挠，打得它躲到椅子底下。我用挠捅它，它躲到沙发底下；我用挠戳它，它跑出来，钻到屋子里，躲到窗帘后面。打急了，它还发出恶毒的呼呼声，像一种咒骂，我更恼火了。它冲向门口，意思是要出去。我一见它要出去，也来气，就不让出去，又追着它揍一顿。它开始还伸着爪子反抗，后来只把背一弓，身体一缩，整个摊在地上，一副你想打就打，听天由命的样子。因为它这么个贱样子，又挨了一顿打。

后来，我在想，它是如何惹火了我呢？不管它是驯顺，还是野蛮，我都会很生气。它的任何一个小小的行为，都能激出我的暴行，这是怎么回事呢？

是我需要发泄的情绪垃圾太多吗？上班的被管制、客户的挑衅、上司的压制、合作伙伴的不配合，这些带来的情绪，当时看似控制住、化解掉了，可是，实际上它们一点也没消失，会在合适的时机破土而出，比如见了比我更弱小的动物会忍不住想欺负它。它也许跟我太像了：对待强者的欺负也试探性反抗，看反抗不过，就逆来顺受。而且，它那么会察言观色，那么容易不记仇，不愤怒，这一切都让我愤怒。

我以为打了它，它不会再跟我玩儿了，但是，第二天我回来，它又跟上来了，好像压根没有我揍过它这回事儿。它依旧挤到我脚前面，等着进门；一进门，就冲向它的碗，看里面有没有肉。我忽然很厌倦，不想再跟它在家里嬉戏了——谁知道是谁在耍谁，既然就为了一口吃的，吃完就出去吧。

请神容易送神难，它既然进来了，就不愿再出去。哪怕我用痒痒挠赶它，它也不出去，在屋里东躲西藏。难怪，外面冰天雪地的，它可能也是图屋里有暖气。毕竟在外面，它只有卧在刚刚熄火的汽车发动机引擎盖子上取暖，等汽车完全凉下来，就又得找地方了。

我把它关在书房里，虽然不自由，但总算有个暖和的地儿收容它。有天晚上，我想算了，就容它在家里待上一晚吧，它很有眼色，一声也不叫。可早上的时候，它在书房里一声接一声地叫，我去一看，它在我给它铺的窝里拉了一堆。我没有打它，这次不怪它。我把它拎出门，它飞快地穿过树篱，冲到花园，在土地上打了个滚儿，抖了抖毛，把身子抻得长长的伸了个大懒腰。那一刻，我觉得它还挺可爱的。

有一次，我听到楼上一个邻居要出门，骂了它几句："不许进去！滚！"感觉这个邻居就像对待一个骚扰他家闺女的流氓一样。我有点心虚，因为就是我，招惹了这个流氓。它总是蹲在楼道口等我，长此以往，邻居们总有一天会发现我把一只流浪猫放进了家门。他们会认为，你给流浪猫喂食是一回事，让流浪猫进家门是另一回事。这标志着你也不讲究，你家里容忍跳蚤、虱子和寄生虫。你让那么脏的野兽进门，它成天在垃圾堆里钻来钻去的，你家里和垃圾堆也差不离了吧？

于是，我每次回家都很害怕。如果邻居们看到我把它领进了家门，会怎么看我？但是，我还是做不到见了它像其他邻居那样踹它一脚，只能趁它没发现我时就溜进家门。想来好笑，我进自家的门，倒像做了啥见不得人的事一样。试想，它要是一只老鼠，不让它进门，打它，都是顺理成章的事，可因为它是只猫，你怎么能拒绝一只猫？

但是，我真的没精力招惹它了。尽管它毛烘烘的、圆头圆脑、表情无辜、眼睛晶亮，但是它一进家门，我就感觉好像凭空多出了很多事，三头六臂也应付不过来。一不留神，它在沙发上刺啦刺啦地磨爪子！一眼不见，它蹿上窗台，在我刚刚洗好、摊在暖气片上的被罩上，留下了脏爪印！反正不管你在做什么，都不能够专心去做了，得随时留心猫在干什么。卧室门有没有关好，它是不是又躲在窗帘后面干坏事了，得把橱柜、碗柜、食品柜都关严，案板上的鱼藏到冰箱里去……

躲着它也不是办法，它眼睛比我尖得多，在我还没发现它之前，它就看到我了。不管我是换了发型，还是换了衣服，它都能准确地认出我。不管是在捉鸟，还是在和别的猫玩耍，它都会放下一切，冲我跑来。从高高的墙头跳下来，从远远的楼道尽头奔过来，从铁栅栏后边钻出来……如果它长着双臂，它的姿势一定是张开双臂、摇头晃脑地冲我跑过来。

我决定不能这样下去了，既然不想收养它，就得明确地让它知道！于是有一次，它要跟着我进门的瞬间，我伸出一只脚，挡住了它。它后退了几步，卧在原地，我们俩对视了一会儿。它眼睛瞪得溜圆，在我心软的一刹那，它的眼神出卖了自己。如果它是只涉世不深的小萌猫，眼泪汪汪、楚楚可怜的，我可能会心软。或者，如果它还是从前那只桀骜不驯的青年猫，就像王小波笔下那只特立独行的猪一样，我也敬重它是条汉子，不会也不敢总找茬跟它过不去。然而，它是这么世故，充满一只中年猫的心机和阅历。它的眼神，懒散又冷漠，没有什么能让它爱或者恨。它的眼里只有生存，为了活着，它愿意把自己低到尘埃里，低到泥土里，低到粪坑里。

我收回目光，转身进屋。

散步的N个版本

小时候，自从会走路，阿霜就跟爸妈去散步。晚饭后，从家里出发，下坡沿着厂后的路一直走到灯光球场，还是小孩子的阿霜摘花捡草，爸妈聊他们的天。光这条路，根据季节不同，就有三种走法：冬天的时候走大路，大路两边是摇曳的芦苇，在黄昏的光线里闪着银光；春天可以穿过竹林走山路，一路上有桃花、梨花、杏花，还有蔷薇花，依次盛放；夏天沿着小河沟走，赤脚拎着凉鞋，沿河而上，去的时候迎着火烧云，回来的时候沐着星光。他们闲话的内容什么都有：春天的花，夏天水里的鱼虾，灯光球场的蛐蛐被孩子们捉了回家喂鸡，鸡吃了虫子，叫声都格外响亮……

自己有了孩子后，阿霜才想起来，那种她和父母各不相扰、其乐融融的散步，应该是被她的记忆“PS”过的，现实是另一个版本：小阿霜每次跟着去灯光球场散步，走不了几步就嫌黑、嫌累、嫌渴，吵着要回家睡觉；回家灯一亮又精神了，又闹着玩这玩那……整得爸妈起了嫌弃之心，真不想带这个熊孩子出门了。

有一天，爸爸说今天不散步，让妈妈哄她睡觉，四岁的阿霜觉得这事蹊跷，但还是撑不住睡着了。半小时后醒来，家里空无一人，她被空荡荡的屋子吓哭了。哭完还是得想办法，她决定沿着大路去灯光球场找爸妈。她穿着睡觉的小背心就出了门，天已经麻麻黑，总觉得在某个黑暗的拐角里蹲着个鬼。她撒腿就跑，感觉背后的鬼一路跟着。阿霜跑呀跑，紧张得连哭都顾不上了，直到被一连串爆炸一样的狗叫声惊得站住，见到一条黄狗站在她面前。阿霜哭出声来，说不清是被吓的，还是喜极而泣，毕竟空屋子和鬼都是完全没法沟通的，狗是可以沟通的。阿霜哇哇哭着跟狗诉说，狗虽然还在叫，声音却没那么激愤了。阿霜跟黄狗道别，继续走，终于在路上遇到了散步回来的爸妈。

后来爸妈调回城市，一家人保持着在晚饭后找地方散步的习惯。幸运的是，爸妈所在的新厂在郊区，厂子后面有几个人工湖泊，湖边是笔直的白杨树。夏天的湖边就是“荷塘月色”，冬天的湖面结了冰，爸爸会拿石头扔，看结多厚了。阿霜记得小时候并不那么需要旅游，不像如今，隔三差五心里就很焦虑，想跑到山水之间放放风、透透气。小时候，散步就是一种小型的旅游，无论是在老厂里看花花草草，捉鱼逗鸟，还是在新厂附近看四季变换的湖畔，对人的内心都是一种莫大的滋润。散步之间，风景早已不单纯是风景，更是一家人的聊天背景。

大学毕业后的一次同学聚会上，有位男生跟阿霜说：“还记得吗？有一次咱俩在操场上散步，月亮太亮了，亮得能在月光下看书……”说得阿霜很不好意思，她记得的版本是，他好像更喜欢跑步，鞋袜雪白，手腕上还佩戴着计步器，跑得坚韧不拔，满头大汗，好像跑了一辈子都没有停下来过。这位男生后来成了阿霜的老公，他依然热衷于守时、提速，偏执于寻找各种上升的捷径，抓住一切可以晋升的机会。他的口头禅是，“这是我的关键时刻”。自从他升职后，应酬太多，连在家吃饭的时间都没有了。偶尔来接阿霜下班，一接到电话就像卸货一样把她扔在地铁站，招呼一声“还有应酬”，便一脚油门绝尘而去。

如果说记忆是水，能够过滤和稀释掉现实中的很多龌龊和斑驳，那现实就是盐，日复一日的琐事终于会把一个人腌成另一个人。做了老婆的阿霜，习惯了开车的老公在路上诅咒所有挡在前面的人和车；当了妈妈的阿霜，习惯了认为任孩子睡过点儿了是件难以饶恕的事；职场上的阿霜，习惯了公司里对于时间和效率近乎苛刻和呆板的要求。至于慢慢地、随心所欲地在田间地头散步，阿霜早就不奢望了。

不知什么时候，散步这件事又流行起来了，阿霜的姐姐、老公、上司、同事、朋友们都天天在微信朋友圈里盘点自己今天走了多少步，排名第几，有多少人点赞。而对阿霜来说，这种散步和记忆中的轻松温暖无关，它和当下的一切事物一样被数字化。食物代表卡路里，和色香味无关；相亲讲的是各种“条件”，跟感情无关；一天走一万步以上，预示着好精力、好身材。它们都成为一种资源，可以用来兑换其他资源。当走路也被量化时，就与闲散和诗意没有关系了。

阿霜经常在想，什么时候能像爸妈那样单纯地散散步呢？步伐一致地慢慢走，一起徜徉在湖边、树下、花间、月下……不计算消耗了多少卡路里，不纠结减肥呀，塑型呀，一边走，一边跟身边的人说些很闲很闲的话：“看啊，火烧云！”“哦，是呀，东边的云飘过了西边，明天就下雨；西边的云飘过了东边，就下不来雨……”尽管这些话无关痛痒，仿佛没有什么意义。

有天早上睡过了。记得小时候，知道要迟到了也是件特别惊恐的事儿。阿霜的姐姐反应更激烈，阿霜的情绪常常会被她的大哭大闹淹没。看着她指责钟表、闹铃、早餐，抱怨父母，骂自己和弟弟……相比怕老师，阿霜应该更怕她姐姐的歇斯底里。

这个早晨，因为错过了叫小孩起床，阿霜不得不帮着小孩计算什么时间进教室比较不丢脸，怎样在上操时间悄悄溜进去，如何绕过操场做操的同学，如何避免在哪个拐角遭遇老师，万一碰见老师要说的迟到理由……送完孩子，阿霜抄一条近路去上班，那是一个很久没有动工的工地，几只狗窜出来冲她愤怒地汪汪叫。阿霜竟然能认出来它们三个就是去年春天在小区院子里的流浪狗。那会儿它们还都挺小，挺怂的，见了人就远远地跟着，希望你扔个啥吃的。现在它们几个长大了，也长本事了，叫唤起来理直气壮的，对她闯进领地不依不饶。阿霜又好气，又好笑。听说见到恶狗就要弯腰，装作捡石头。她一弯腰，冲在前面的两只大黄狗夹着尾巴跑走了，最小的那只白狗很倔强，寸步不让，虽然不往前逼进了，但也勇敢地决不后退。

阿霜选择绕道而行。过十字路口时，前面的女人体态庞大，总是挡住视线。她的蕾丝边小裙在阿霜眼前荡漾，黑丝袜底下的肉色——不知是肉，还是肉色秋裤——呼之欲出。她的正面是那种努力挣扎着要让自己变好看些的大婶，跟每个遇到的人都说："咱女人就是要对自己好，对谁好都没有用！"到达地铁站已经不早了，地铁上人特别多，挤在身后的刚好就是那个体态庞大的女人。她很着急，发出各种叹息、呢喃、数落、抱怨。这个时刻要是谁不小心碰着她，可就倒霉了，她说不定会把怨气全部倾倒在那个人身上。而距离她最近的那个人，就是阿霜。阿霜忽然就像回到多年前，变成了那个被坏情绪吓到了的小孩。为了不给那个女人倾泻负能量的借口，她决定在下一站就下车。大不了迟到，也不能给别人找茬的机会。

既然想好了给自己一次迟到的机会，不如步行好了。陌上花开，阿霜沿着护城河缓缓前行，暂时远离了火气和焦虑，苍白和平庸，她真想一直这样平静地走，一直走下去……

在莫迪亚诺的小说《地平线》里，主人公博斯曼斯邂逅了一个女孩，女孩说她住在“94 街区 25 号”，同时很遗憾没带纸笔，不能将地址抄给他。博斯曼斯叫她放心，说他绝不会忘记那些大楼所在的街名和门牌号，他总是用这种方式对抗大城市的冷漠和千篇一律。

希望每个不情愿被这个世界“格式化”的人，都有跟碾压自己的生活对峙的方法。

在地球的另一端扯面

小时候去外婆家过年，厨房里干活的主力是我大妗，来一桌人，她就做一桌饭菜。到十几岁的时候，也知道应该给大人帮忙做家务了，可每当我鼓起勇气走进厨房想问要不要帮忙时，总说不出口。外婆家没有暖气，厨房里滴水成冰，虽然有自来水，却没有洗碗池和下水口，脏水得一盆盆地端出去倒掉。即便我主动请缨，大妗也不让我洗，她自有一套独特的洗涤方式，速度特别快……但不管怎样，一想到要在油腻腻的水盆里洗碗，还要一盆盆地端出去倒，我就怯了。想来如果家务活儿也有鄙视链的话，做饭、洗碗应该是在最底层，油腻肮脏，吃力不讨好。

我的一个女友婚后也曾直言她不爱做饭、洗碗、做家务。她的理由是，这些事做了以后，并没有想象中的效果，还不如做个闪闪发亮的美甲吸引人。即便她挥汗如雨地干完，家里所有人都认为是理所当然的，就好像桌子是自己干净了的，饭菜是自己把自己炒熟了端上来的，从窗户到马桶都有过滤和自洁功能。尤其是过年的时候，炸丸子、包饺子、买年货……这些小时候觉得开心的事，不知何时成了一种“规矩”，就像要参加考试的必读科目，本来挺喜欢上的课，一听要考试头就大了。于是，本来做家务的初衷是出于对家人的爱，可是一旦成为“不做就会被惩罚”的“规矩”，就难免成了枷锁。于是，按“规矩”不得不做这些事的时候，女人们一点儿也体会不到“劳动的欢乐”——唉，这不是劳动，这是劳动改造好吗？

厨房甚至可以成为一个战场。我的那位女友，年前准备离婚的时候，她妈千里迢迢地赶来，趁过年人多，把准备逃出婚姻大家庭的她遣送回婆家。她妈妈的设想是，大过年的，伸手不打笑脸人嘛，趁亲家和亲戚们说话的当儿，给女儿围上围裙，推进厨房给亲戚们做饭。多少女人的权力，不都是夜以继日地蹲守厨房争取来的？自古以来女人的江山，不就是厨房和卧室吗？卧室这个根据地暂时丧失了不要紧，还有厨房进可攻、退可守不是？妈妈生怕女儿不去婆家做年夜饭，就有别的女人把围裙一系，像披上一件战袍一样攻占了他们家厨房……她说，自己简直被妈妈的这个计划逗笑了。再发挥一下想象，想到在妈妈的调遣下，自己像螃蟹一样举着锅铲，站在厨房门口挥舞着，试图阻挡其他乘虚而入者的侵占……呵呵，画面太美，不忍直视。

我曾经也希望能远离污水、油腻、灰尘，停留在不食人间烟火的少女时代。可话说回来，当年每次看到大妗在厨房里洗洗涮涮的时候，我的感受其实很复杂：既不好意思，又心生同情；有逃脱劳动的庆幸，又有很多不解。比如大妗和小姨她们在厨房，并没有想象中那样委屈满腹，怨气冲天，反而嘻嘻哈哈，叽叽喳喳，就像我们钻进没有大人的房间里，自有不为人知的惬意和欢乐。我很好奇，她们咋那么乐意跟那些脏兮兮、油乎乎的东西打交道啊？

人生所有的问题都有答案，或迟或早。

我的另一个女友阿猫述说过她失恋的故事，说没想到厨事和家务成了治愈她创伤的良药。某天早上醒来，瞥见猫咪眼巴巴地盯着她，一般是他给它喂猫粮，所以它并不跑过来粘她。他们共同拥有的还有一辆车……阿猫现在不愿想这些，她宁愿去想象，他和他的新欢现在是不是已经在一起吃早餐了？那个阶段，自虐和虐人都让她有难以名状的快感，借此让伤口疼得更热辣辣一些。毕竟，和伤口的疼痛相比，回忆要来得更汹涌，更绵绵不绝。

没有他的世界，已经无所谓世界，无论怎样浑浑噩噩都不为过。生活最好变得再繁琐、再细碎些，她扫地，拖地，抹桌子，一个人做早餐。毕竟，人掌控不了什么，掌控不了别人对自己的爱或不爱，甚至连自己的爱恨都掌控不了。能掌控的，只有眼下扫的这块地，它会明光锃亮地回馈自己；能安慰和不辜负自己的，只有手里的食材，她淘米、熬粥、煎蛋，把胡萝卜切到最细。只有在做这些小事情的时候，才能不去想他。

在被琐事填满的时候，生活的温暖奇迹般慢慢地回来了。后来回忆，也许是因为做这些事的时候太过投入，好似每个动作和细节都被无限拉长，给人的感受完全变了——就像电影镜头里，伴着音乐和缓慢地簌簌落下的雪花或旋转的落叶，男主角和女主角说好谁也不回头，各自走向再也没有对方的未来……即便是失恋和分手，因为放慢了节奏，拉长了过程，并不急于奔向一个什么终点，也会变得诗意和优美起来。

嗯，这种心情我理解。前年我被派到美国做交流学者，初到美国，我险些得抑郁症。先不说工作、学业，仅仅语言就令人抓狂。平时英语的听力考试是一回事，现场又是一回事，也不是听不懂，只是反应总会慢半拍。在交流时，慢的那半拍，就使你和对方之间裂开了巨大的鸿沟。那种气急败坏无处不在：去超市看不懂说明，分不清面粉和玉米粉；回到家里，一橱柜的洗涤液，也分不清哪个是用于清理重油污的，哪个是擦玻璃的；不会用烤箱、洗碗机、烘干机，连关个空调都得瞅半天，一着急，连“ON”和

“OFF”都分不清了。这些点点滴滴又无处不在的挫败感，使得我急需找一个点发泄。

有天早上，参加了一个隆重的颁奖典礼以后，我忽然情绪低落，特别想吃大妗做的羊血饸饹。那种麻和辣，用舅舅的话说，“就像两颊被鞋底子重重抽了几下”。对食物的求之不得、瘪寐思服，使我就像街边痛苦万分、四处寻找大麻的流浪汉。后来，我找到了面粉，不会做饸饹，但我可以做面条。

租的房子没有案板，也没找到擀面杖，只好徒手做。把面粉揉成团，把面团搓成面棍，把面棍扯成面条……我一个人和这坨面搏斗了几个小时。其间，外面下了两场大雨，出了两回大太阳。雨后，两只松鼠追逐打闹着跑过院子，我忧伤地看着松鼠厮打着上了树。它们在树干上继续纠缠，而我，只有和这坨硬得死去活来的面团纠缠。

在寂静的午后，这场松鼠的舞蹈表演是给我一个人的奖赏。时间好像停滞不前了，没有惊慌、焦虑、听不懂、看不明白，岁月重归静好。静好的岁月送来两只天真无邪的松鼠，提醒我，“Anything is OK”。

多年前的问题骤然有了答案。从前我有个农村来的亲戚，每次来到城市，总喜欢一头扎进厨房干活。城里的大妈们同情她，说她好可怜，一天到晚只会围着锅台转，连个广场舞都不会跳，好想把她从煎炒煮炖、刷锅洗碗里解救出来。可她说，她是真心喜欢城市里的厨房，因为有自来水啊！城市对于那个农村老太来说，像一个冷漠的怪兽，她唯一能看懂、理解、玩转的地方就是厨房了。就像在这个地球另一边陌生的国度，我能玩转的，还好，有这么一个面团。

后来，我经常回忆起这一幕：当我参加了一个全程不知道在说什么的隆重的典礼之后，一头钻进厨房，拆开面袋，倒出面粉，哗哗地在水龙头底下接水的时候，那种快意恩仇，比酒桌上豪气干云的江湖侠客还爽意。

从美国回来后，我发现我有了一个新的爱好——不管去谁家，都习惯钻进厨房帮主人干活。饭菜的鲜香扑面而来的瞬间，那种满足，不亚于得知自己努力争取的项目入选了。一只只闪闪发光的碗碟从水里捞出来，感觉和论文得奖一样有成就感。尤其是与亲朋好友们在厨房一起剥葱、捣蒜、盛饭，洗洗涮涮，分享他人的笑柄，说着只有彼此听得懂的"梗"，那些时刻，会希望这一切永远不要结束。而那些琐细的餐前准备、繁杂的餐后洗涮，就像音乐的前奏和尾音，使得这场热闹来得更为充分、完整、饱满、生动。

也许正如弗朗索瓦丝·萨冈所说："所有漂泊的人生都梦想着平静、童年、杜鹃花，正如所有平静的人生都幻想伏特加、乐队和醉生梦死。"

那些年的夏天，我们属鱼

1

进入夏天，我们都属鱼了。

每天，不是我站在花墙下叫小骏，就是小骏在我家丝瓜架下唤我：“二芮，游泳去！”

小骏是我家邻居，和我同岁。我俩水性相当，憋气时间差不多一样长，速度一样快。他是男孩，在体力上比我稍稍强一些，可是在技巧上不如我灵活，所以在泳池的竞技游戏里，我俩势均力敌。

在游泳池，孩子们通常玩的游戏有“跳冰棍”“贴肚皮”“扎猛子”。“跳冰棍”最简单，就是像根棍子一样直直地跳进水里，谁的水花最小，谁就赢了。“贴肚皮”的发明者一定是个肢体笨拙但脑子够用的家伙，估计是这货在一次“扎猛子”比赛的时候失败了，索性强词夺理地制定出一个游戏规则：横着扑到水里，把肚皮全贴上水面，谁的水花大谁获胜。“扎猛子”类似“山寨版”的跳台跳水，身体形成一个美丽的抛物线扎进水里，水花小的胜出。

人多的时候还可以玩集体“跳冰棍”，喊口令“一、二、三”，大家一起跳，同时落水，要求动作一致，整齐划一。还有花样“跳冰棍”，就是站成一排，一个接一个地跳下去，把握好间隔节奏的话，从岸上看去会十分壮观。

再大几岁，我们就不满足于这些简单的比拼了，越来越多高技术含量的游戏被发明出来，像水底捉迷藏、水底坐禅、水底翻跟头、“深水探宝”……“深水探宝”难度最大，游戏规则是站在岸边往三米深的水里扔一个东西——大到拖鞋，小到石子——最少两人玩，人多不限，强弱搭配，两两一帮，数“一、二、三”，一群人就好比扑扑棱棱扎下水抢鱼吃的鸭子，看哪一方在最短时间把东西找到。

在幽蓝的深水底睁大眼睛找东西需要凝神闭气，还要提防来自对手的干扰。比如对方会像要断你的球一样在你眼前晃来晃去，一旦遭遇骚扰，若没有队友前来护卫，就很难过关。所以一定要眼尖手快，在对手还没有潜下去之前就迅速瞄准目标，先下手为强。我觉得我们当年的游戏要比现在的“王者荣耀”好玩多了，全部都是真人版的实战。用官方语言描述这个游戏的意义，可以这么说：这是一项比拼力量、速度、肺活量的运动，充分锻炼了孩子们的身体协调性和互相配合协作的精神……

有一次我和小骏两个人玩的时候，他没有采取平时的拉拉扯扯、推推搡搡式的干扰，而是潜到我面前，在三米深的水底，对着我吐泡泡，做鬼脸。那张咧着大嘴的脸，活像一只笑眯眯的蛤蟆，我顿时笑得憋不住气了。这一招后来也成了这个游戏常用的干扰技术，升级进化出很多种鬼脸表情，尽量让对手只要看到就笑得泄了气，不得不放弃打捞，浮上水面喘口气。

小时候家里没有空调，也没有卫生间可以淋浴，一到夏天，游泳池就成了我们的天堂，除了吃饭睡觉，整个夏天都泡在游泳池里。可是，不解的是，我们的游泳池修建在全厂地势最高的一块地方。这块荒地，从前因人迹罕至被当地人叫“天上”。去“天上”会有一段烈日炙烤的山路要爬，热得眼冒金星、要死要活的时候，眼前突然出现一潭池水。这种感觉，现在回忆起来，真是不能更爽。小的时候没耐心，那段路会令人走得暴躁而沮丧，但没有人因为那段让人恼火的路而放弃游泳。每次走到那段路上，就会疑惑为何游泳池会那么高，是不是因为那儿距离太阳比较近，水容易被晒热？有说法是，因为厂子地处山沟，能动工的平地都修建了厂房和民居，找来找去，也只有山顶这一块地；还有说法是，修建游泳池选地的时候，厂里跟当地村民交涉，村里要求把泳池修得高高的，这样换水的时候就可以浇下游的菜地了，相当于在菜地和农田的上游建了一座水库。

2

厂里从前是没有游泳池的，我哥他们从前游泳就去十车间后面的蓄水池。这个蓄水池是用来对第十车间大型零件进行冷却实验的。蓄水池禁止游泳，我哥他们需要从厂外围的山后翻过围墙才能接近。围墙很高，每次翻墙都得几个人互相托举、拉扯着才能进去。玩得疯一点，就会惊动附近车间里看守水池的人。看守人跑过来驱赶他们，他们就四下逃散；看守人一走，又卷土重来。后来，周末去蓄水池游泳、纳凉的人实在太多，围墙也被扒开了一个大口子。人越来越多，撵又撵不走，加上都是厂里人又无法动粗，所以慢慢就放开了。

修建新泳池的缘由据说是看守人出的大洋相。一个夏天的周末午后，蓄水池里人格外多，男男女女，老老少少，游泳的，嬉水的，坐在岸边休息的，乘凉的，吃东西的，追逐打闹的……忽然一个男人出现在岸边，他扩胸，高抬腿，扭腰，然后走来走去寻找下水的合适位置。开始是一两个人看到他，很快，越来越多的人都看到他了。接下来，就有认识的人狐疑地叫他："王师傅！王师傅！”因为替他感到难堪，或不想引起太多人的注意，叫的人用的是从牙缝里挤出来的气声。那个王师傅猛然从自己的世界里回过神来，环顾左右，当他意识到出了什么事的时候，就像一株挺拔的树忽然被雷劈了，蜷成一团转过身去。于是哄然大笑的人们看见了这个浑身赤裸的男人夺路而逃，连鞋都没来得及穿。

这个池子是个产品实验池，没有更衣室，周围更没有任何遮挡，连一棵树都没有，所以那团刺眼的白影子在人们的视线里跑了很远很远，最终一溜烟地消失在十车间的后面。后来听说，因为水池地处厂区最边缘的位置，平时看守池子的王师傅就养成了裸泳的习惯。调皮的半大小子们平时都圈在教室里，只有周末才能来水边捣蛋。这次意外是因为节假日调休，厂里把周三当作周日放假一天，王师傅那天午休起来懵懵懂懂地照常走向水池，准备像平时一样裸泳，然后就呵呵了……

好玩的不是这个事，而是这个事的传播速度之快。当时没有网络，媒体也不发达，这就成了厂里的大新闻，近万人的厂子，口耳相传。到下午，王师傅回到家，他在医院工作的老婆大惊失色地告诉他：“你知道吗？你们十车间后面的水池子里有个流氓！”这个轶闻因为跑得太快，以至于把男主角的名字、身份跑掉了。那后来呢？并没有什么后来，毕竟是社会主义的新工厂，那个年代鼓励破除封建迷信、陈风陋俗，所以没有机构，组织去追究伤风败俗什么的，也没有人肉搜索、乱扣帽子，这件事就只是作为笑话传播了一阵子。

据说也是因为这个事，间接地促成了修建新游泳池。

3

与小时候的游泳池相比，我现在去的室内泳池性质完全不同。

游泳基本上跟游戏没关系了，目的变成了健身塑型。室内游泳馆什么都有，就是没有欢乐——没人喧闹嬉戏，没孩子上蹿下跳，没情侣鸳鸯戏水。装备齐全的人们井然有序地在泳道里游来游去，像车道上一辆辆装备良好的车，多由只前行、不后退，只直行、不拐弯的老司机们驾驶。他们像机器人一样各自冷漠地来来往往，并道的时候都恨不得给自己后面装个转向尾灯，以防被人追尾。我也好不到哪里去，每天面无表情地背着健身包走进游泳馆，换衣，下水，游十圈，上岸，想起健身教练的话："运动能够促进多巴胺分泌，使你感到轻松……"

轻松吗？越被告知会感到轻松的时候越不轻松。要说轻松，莫过于属鱼的那些个夏天。阳光刺眼的午后，我穿着妈妈给我缝的口袋一样的游泳衣，跳进露天泳池，跳完"冰棍"后和小骏并排躺在水面上看云。我们说好：看云时谁都不许攻击对方。我俩像两片随水沉浮的轻盈树叶，目送云彩一朵朵、一团团，有时候像千军万马奔腾而过……水里是欢声笑语，天上是朵朵白云。二十年前的那些云，飘过去了，再也没有回来。

达尼·拉费里埃在随笔集《几乎消失的偷闲艺术》中说："生活中的一切都协力骗取我们的个人时间，以至于不再给梦留下空间。可还有另一种时间，更加自由，我应该对它的地址保密，以避免有人将它变成商品。"在那些个夏天的泳池里，我躺在水面上，清点着我的秘密瞬间：暑假开始时泳池的颜色；和表妹用水管互相滋水的一个疯狂下午；在窗玻璃上哈气，写下隔壁那个男孩的名字——每次都用不同的字体写上，擦掉，再写上，再擦掉……

五 有思

梦游，是诗意还是病

关于做梦的故事，电影《路边野餐》算一个，这部英文名叫“Kaili Blues”（凯里蓝调）的电影更像一场梦。在梦里，过去与未来重合，死去的人和未来的人相聚。

我们这个城市，天气常年潮湿闷热，人常常犯困，也常常会做些类似于梦游的怪事。比如，我周一想着该去图书馆还书了，出门的时候在想，走在路上的时候在想，吃早餐的时候也在想，可是快到目的地的时候猛然惊觉：“天哪！忘带图书证了！”按说忘了就忘了，可以明天再做这件事，可是我又梦游似的折返了回去，取了图书证出门，正赶上憋了几天下不下来的暴雨哗啦啦地倾泻而下，顺利地被淋成了落汤鸡。

下午到图书馆，明明拿全了三本书，可是自动还书的扫描系统只认出两本。我把那本电脑死活不认的书挑出来一看，傻眼了。这本书不是图书馆的书，是我自己的一本书，忙乱中抓错了！错了就错了，可是我又返回去，直到换成正确的那本。当然，这件事的代价是还完书后赶上了堵车高峰期，在路上堵了两个小时，回到家天都黑了。做这些事的时候，天气依然闷热，我根本没过脑子，只是听凭直觉走呀走，感觉自己好像一直在一场大汗淋漓的梦里游走。

对于一个总是在计算房租、水电费，这家外卖和另一家外卖的折扣率、这件衣服和另一件衣服的性价比的上班族来说，这种感觉竟然会令人感到释然。毕竟在类似的过程里，主管计划、规划、理性、计算的那部分神经细胞莫名地停摆了，身体的运行不再通过大脑，而是通过感性和直觉，接近了所谓的“梦游”。所以，无论我是在做无用功，还是在重复劳动；无论迟到、堵车、淋雨，还是行走在漆黑的夜路上，时间的流逝和空间的困境并不能够像往日那般令我焦虑。

纳博科夫的小说《透明》里，主人公休·珀森小时候经常会梦游症发作，他常常抱着一个枕头走出房间，游荡到楼下去。醒来的休会发现自己总是站在一些稀奇古怪的地点，不是在通往地窖的台阶上，就是在过道的隐秘处，置身于长筒橡胶套鞋和风雪大衣之间。一到晚上，他就变得“行为像个幽灵”。即使家人将他锁在卧室里，他也会从窗口爬出去，走上通往学校宿舍的长廊的倾斜屋顶上。由于脚底的石板瓦太凉，他会醒过来。而在休上大学的时候，梦游症的发作把同宿舍的同学吓坏了。同学半夜被猛烈的撞击声吵醒，原来是休梦见他的床头桌正在狂暴地独自跳舞，于是直起身子，死死按住那张并不碍事的小桌子，努力制止它那并不存在的跳动，十分荒唐可笑。他用的劲儿太大，木头桌子在这个梦游者手下备受折磨，发出噼啪爆裂的声音，桌上的书、烟灰缸、闹钟、一盒止咳片全都被震了下来。休的同学使劲将他和他的桌子分开，休一声不吭地翻了个身，又睡着了。

梦游是诗意的，梦游更是病。

反正，对于精打细算的现代人来说，诗意早就是一种病了。

有种快感叫偷懒

小时候的寒假里，妈妈上班之前会嘱咐我："记得给炉子加煤，把粥熬上啊……"我瞪着天真无邪的大眼睛点点头，然后看着妈妈的背影消失在巷子尽头，扭头把弟弟小肖叫过来，转而嘱咐他："我去同学家问个作业，一会儿你记得给炉子加煤，把粥熬上！"小肖瞪着比我更天真无邪的、更大的眼睛点点头，我就放心地出去疯了。小肖也还算负责任，给锅里倒上水，下米，放在炉子上。然后，小肖就和他的破足球，从巷子口滚到街道上，从街道上滚到别人家窗口，直到足球敲碎人家的窗玻璃，敲碎别人的好梦，小肖才灰溜溜地滚回家。等妈妈回来，炉子灭了，粥糊了，锅也烧穿了。不过妈妈没工夫应付这些，因为被敲碎了玻璃的那家人举着小肖的破足球找来了……

我一直以为小肖长大以后会是一个"风一样的男人"，没想到的是，小肖如今成了一枚标准宅男，不是蜷在电脑前，就是瘫在沙发上，厌恶任何行动。好在他把自己保护得很好，绝对不再做敲碎别人家玻璃这样危险的事儿了。说起来小肖有点像《奥勃洛莫夫》的主人公，他睡衣裹得紧紧的，从床上下来的时候，甚至不用看地，双脚就能准确无误地滑进拖鞋里。当我建议他能不能至少洗一下脸的时候，他说："不洗脸才是自我最充足的时刻。"再说了，他也并非什么都不干，他还是"风一样的男人"好吧，只是不再用肢体，而是用思想了。哪怕躺着，瘫着，小肖自称也没闲着，而是从一个念头转到下一个念头。用历史学家米歇尔·佩罗的话说，这“象征了绝对的隐逸”。

小肖也不是没有“风一样”过，曾经有段时间，他出发，离开，上路，发誓要走到世界尽头——虽然他去的最远的地方是尼泊尔。但是小肖总是有办法让自己开心啊，换女友比换手机还快。再往前一段时间，小肖还是奋发有为的青年才俊时，口头禅是“抓紧时间”，无论干什么都不会忘了掐表，吃午饭时也会一只手划拉手机，盯着大盘动向。忽然有一天，小肖说工作就像警察，自己跑得越快，警察追得越凶。他算了一笔账说，比如乘地铁，挤公交，甚至给车加油，不应该仅仅是为了给工作做准备吧？就像吃饭睡觉，不应该只为消除疲劳、恢复体力以便继续为老板效力吧？就像休闲，不是上垃圾网站、看弱智电视剧吧？自己也不是要大吃大喝、夜夜笙歌，就是想坐下来，就是想静静了。

我妈一听这话就炸毛了：“你现在想静静了？早跟静静结婚，我孙子都能上幼儿园了！”（静静是小肖前女友之一）在我妈看来，小肖可以瘫、贪、叹，但不结婚、不生娃就不对了！小肖叹了口气，决定还是找个人结婚，然后去上班。不过，有了丰富生活阅历的小肖此刻已经有了解决方案。小肖上班时，只要离开办公室，腋下总是夹着一个卷宗；但凡从座位上离开，手里一定会举着一个文件夹。无论在公司，还是在家里，在老板和老婆视线范围内的小肖，从来都是忙碌得好不销魂。然后，抓住老板或老婆不在或转身的每个瞬间玩手机——刷屏，游戏，聊天……

妈妈再也不用担心小肖不结婚、不上班了，因为小肖已经深谙：如果没有任何束缚，就无法体会偷懒的妙趣。毕竟，游手好闲只有在明知道不应该的时候，才最让人向往。

与车有关的幻想

每个小孩都有一个和现实生活毫不相干的梦想，比如我弟小肖儿时的愿望就是当卡车司机。刚上幼儿园，老师问他叫什么？他告诉老师他叫肖车车。后来老师跟我妈说："车车妈妈啊，车车这孩子今天表现还不错……"我妈很疑惑车车是谁，却又插不上嘴。

小时候，在逼近正月的某一天，我和小肖会在早上 4 点被拉起来吃饭穿衣——更小的时候，这个过程还会伴随着哭啼、拉扯、推搡、劝诫、警告，以及威逼利诱——然后我们一家提着大包小包，乘坐大巴车颠两个小时出山，从矿区到市区，再乘火车十几个小时到另一个城市，那是我父母的家乡。

据我的父母说，当年他们大学毕业，第一次从家乡去矿区的路上，看到这弯弯曲曲、走也走不完的山路，他们当中很多热血沸腾立志"建设三线"的年轻人绝望地哭了。有趣的是，十几年后，我们一家迁回城市，十几岁的我看到无遮无拦的关中平原，连一座山都看不到，也难过地哭了。

在寒冬的凌晨，那一对把年幼的我们从床上揪起来的年轻父母太缺乏耐心。他们应该告诉我们"去坐车喽！"，我们一定就不会赖床了，毕竟车是矿区生活里很罕见的事物。平时在厂区，我们偶尔会见到一辆军绿色的卡车，而大巴车，只有在一年一度回老家的时候才得以一见。想来在天蒙蒙亮，而我们还没有将睡意驱散的时候，那辆大巴车缓缓而至，就像若干年后看到宫崎骏的《龙猫》里的大巴。这辆大巴车和外面世界建立的某种联系，会深深地吸引我们，足以驱散我们过早从温暖被窝里被叫起来的沮丧。

在我居住的城市，不到万不得已，我不愿乘地铁——被装在一个黑盒子里快速从此地输送到彼地，感觉自己就像一件货物或商品。我宁愿乘公交车，如果路途长些就更好了，如果是夜晚也不错，窗外熟悉的场景在暮色下变成另一番景象。在这样的旅途中，总是会生发出片刻幻觉：好像这辆车能够永不停歇地走下去，而眼前的景物变幻离奇，扑面而来，就像穿越到了一个全新的时空。

我的朋友小咪也有这么个爱好，她跟情人幽会的时候，会跟家人说出去散步了。她没有说谎，只是他们不会在附近活动，而是随便乘上一辆公交车。车窗外楼房渐低，楼群渐稀，渐渐现出了村庄、田野，他们下车，沿着田野一直走，一直走，走到走不动，再乘晚班车回城。

对于人为何会喜欢车这种事物，捷克作家伊凡·克里玛说，因为在车上，“每个人可以远离自己每天能扮演的角色”，“往方向盘后面一坐，便已经不再是一名会计，戴绿帽子的丈夫，或者一名无成就无意义的市民，而成为一名驾驶者，驾驶就能实现他没有实现的愿望和对自己的想象，由一个每天在马戏团演出中重复出场的小丑变成了一位斗士、一位帝王或胜利者；他不再是被自己千篇一律的行为而被迫变成的一个重复绕圈子的傻子，而是在大道上飞驰，奔向未知的、早已心怀的愿望和幻觉的人”。

自行车与身体的暧昧

我刚学骑车的时候，个子太小，必须站着猛蹬脚蹬，让轮子转起来进入行驶状态，然后趁着车子全速前进时使劲把屁股挪上座位，在摇摇晃晃的车座上蜷缩起两腿任其滑行。等到车轮快停了，再跳到还在转动的脚蹬上，又是一阵狂踩，使车子疾驰起来。靠着这种一蹿一蹿的办法，我从家里出发了。一听到身后有车声由远及近，我就惶恐地跳下车，站在路边等着汽车开过去。在超越行人的时候，我会骑到此人身后的近处，然后下车从其身边飞快地推过去，直到距离很远再骑上车子。我必须随时在身前身后保持一段骑车的真空距离，好尽量不让别人看到我骑车的样子。

骑车上学途中，最困扰我的是一个商店里的小黄狗，它每次都会追着我的自行车狂叫不已，那阵势，好像在大声控诉或谴责我的过失。也许它只是有着强烈的好胜心，见不得骑车的我比它跑得快。于是，我每次经过小商店都会奋力蹬过去，在它发现我之前赶紧开溜，可是没几次能避开跟它的赛跑。有一次没看到小黄狗的身影，我正庆幸着，忽然有个黄乎乎的东西追上来，我猛蹬几下，为了闪避它，差点蹿到水沟里。后来缓过神来，才发现是一只黄色的大猫。这只大黄猫可能是那只小黄狗的代班选手，负责在小黄狗外出的时候，坚持不懈地替它完成赛跑任务。

猫猫狗狗们从不去追汽车，它们肯定已经发现追也白追，驾车的人被封闭在一个容器里，完全可以做到目空一切，他们不用感受外界的危险，也体验不到外界的刺激。唯有骑行者，自有其独特的身体美学，他们可以和外界零距离接触，体会着空气中温度和气味的微妙变化。骑行者可以超过在车流中缓慢挪动的机动车，掠过步行者缓慢沉重的身影，骑行的速度既可以躲过行人的目光追踪，汽车上的目光也无法将之锁定。也许这个秘密被猫狗们发现了，骑行者的轻灵，使得他们和那些城市里飞檐走壁、自由来去的动物们一样，拥有了一项隐秘的自由：当奔跑起来的时候，他们就能置身一切监视之外。

如果用电影语言来表现各类情感，飞机就像用上帝的视角在俯瞰尘寰，适宜于看透了、翻篇了的感情；而机动车则包裹着齐齐整整的一家人，目的地是超市、学校、公司，这样周而复始、秩序井然的节奏，虽然琐碎乏味，却也尽享宁静安详，也远离激烈颠簸的情感动荡；绿皮火车适合表现那种藕断丝连、欲说还休的分离，要有泪目、追赶、挥动的手、越来越小的身影，直至放手。

电影里的骑行要洒脱得多，伴随着唯美浪漫的音乐，骑自行车的白衣少年就像展开翅膀的鸟儿，飞速穿过街巷，掠过田野……每当拍到这些镜头的时候，导演都舍不得停下来，甚至不惜动用航拍。在近些年的影视剧里，自行车和身体的关系更加暧昧了。在日剧《昼颜》和美剧《婚外情事》中，为了表现偷情的隐秘快感，导演们不约而同地给出轨人妻配备了自行车。她们骑上自行车沿海而行，镜头无言地暗暗追踪着她们的身影——惴惴不安，却又轻盈从容，好像一切尽在掌控。在潮汐和浪花映衬下，裙裾汹涌，发丝飞扬，欲望在单薄纤瘦的身影中鼓荡，她们向那个危险的欢娱飞驰而去，不顾一切。

当鬼步舞误入广场舞队

某天，我爹把我拉进一个群，说里面有位著名作家，这个群里都是他的弟子和文友。我刚一进入，群主就表示热烈欢迎，马上有两个人也跟着拍手。按他们的礼节，接下来，我大约应该发磕头作揖啥的表情包比较合适，我却发了个“有福同享”的表情。可能从这个表情开始，这个群和我都嗅到了“非我族类”的味道。

我看了他们在群里发的几首诗：“一个满身披毛的猿人，将我从梦中吓醒。”“冷月叹息，叹曾经如烟的过去。”“断肠的心，长满思念的泪水。”“酒，在心中翻腾，泪，在杯中哭泣。”……原谅我读书少，我咋觉得这些诗还不如《围城》里的假诗人曹元朗写的“昨夜星辰今夜摇漾于飘至明夜之风中，圆满肥白的孕妇肚子颤巍巍贴在天上”呢？比起群里的诗，曹诗人的诗尽管恶心，但还算有点儿技术含量，也不无诗意。

为了扭转这种假大空文风，我不客气地给了他们一个范本，发了个自己微信公众号的文章链接。按他们的礼数，这里应该谦虚几句“各位老师多多指点”什么的，见我啥客气话也没有，群主终于忍不了啦，警告我“不要发跟写作无关的事”。这句话刚好掉到我的碗里，我说：“都是跟写作有关的啊，全部都是原创作品，欢迎订阅！”过了一会儿，我发现自己被踢出了这个群。

我觉得这就对啦，就像一个跳鬼步舞的人误入了广场舞队伍，相看两厌才是正确的“打开方式”。后来我爹问的时候，我如实给他老人家汇报了情况：“他们嫌弃我才能不够，把我踢出去了。”我爹是从“不明觉厉”年代过来的，批评我：“‘三人行必有我师’，你要多向人家学习，做人要谦虚，要低调。”连那位作家也跟我爹说：“转告令嫒，这个群里都是大师……”原谅我不厚道地笑了，忽然想起我的同学阿虫曾经说过的一句话：“‘大湿’最讨厌见‘大湿’了。”

过年同学聚会，说到了某组织资助同学Y开画展的事。早在多年前，阿虫就说过Y的画儿脏，过了十几年，经过岁月和现实的污染，阿虫说，他觉得Y的画儿简直脏得不能更脏了。小芹却认为阿虫不宽容，不低调，说：“每个人都有画画的权利，Y也不容易，至少人家还坚持画着，也算有追求的人……”阿虫却坚持不表扬“穷且益坚、不坠青云之志”的Y，并声明，他只认作品，不认作品的主人；不因人穷就同情，也不因人富就谄媚。对待喜欢的事物，他“绝不低调”，喜欢就高调喜欢，高调地与粗鄙、低劣的作品划清界限。

阿虫说，他也不是不会低调，对自己不喜欢的人和没兴趣的事，会无底线“低调”，低到尘埃里，低到茅坑里。反正现实社会里，多数利益链条都是充满潜规则和关系网的大茅坑，为了谋生，人们随波逐流地从一个挪到另一个，甚至不介意假装对这些坑感恩戴德。反正假热情就如同假冷淡一样，都是假的，给多了，自己既不伤心，又不伤身。

治愈系电子宠物

我一边在iPad上刷《如懿传》，一边寻思：坐拥一众电子宠物的我，犹如佳丽三千、左拥右抱的皇帝。据说这些智能产品用久了都会有灵性，不开心了，说不定还会闹罢工，发神经。倘若太过偏爱iPad，手机恐怕会吃醋。这不是危言耸听，我手机里的Siri就很皮，没少胡乱解读“圣意”，给不该联系的人错拨电话。比如前几天，我前脚给“长官”电话请假说今天上不了班了，头疼，腿疼，肚子疼，哪哪都疼，后脚把手机塞包里，“间谍”Siri就发起了重拨，于是被听到刚才还奄奄一息的我正喜不自禁地哼着小调：“阳光彩虹小白马，你是最强哒，最棒哒……”气得我呀，索性把语音控制设置成土耳其语，将暗害本宫的小贱人Siri打入了冷宫。

除了偶尔争风吃醋搞宫斗，多数情况下它们都挺贴心，能够起到缓解焦虑的作用，有安神定气之奇效。比如从前每次开会，听“长官”念文件，我都有大声唱歌的冲动，就像在大合唱的时候很想放声尖叫。而现在，当别的同事掏出本子，我会默默地打开Kindle，反正Kindle的保护壳和开会用的黑皮本很像。再比如开家长会，一听见那个分贝大、底气足、语气坚定、音色尖锐的校长在广播里讲着不容置疑的道理，我浑身的神经细胞都紧张起来，好在有手机。

手机是抵御聒噪的神器，可根据聒噪的级别调至不同的节目。如果对方的语音语调和风细雨，不影响我刷屏看文字，就首选微信、微博。如果对方语音高亢，语调激昂，逼你入脑入心，分心的方式就只能是看淘宝。如果对方的言辞激烈，好像你欠他 2000 元钱似的，而你也的确欠，比如校长已经在批评某些“极个别”不负责任的家长了：“怎么能让孩子在外面胡吃呢？不知道现在孩子们都在长身体，营养有多重要吗？为啥不早起来一个小时，给孩子准备早点呢？”这就是在逼我出手了。这项任务我完不成，而我又不能谴责校长“你欺负我”，只好在购物车里划拉，对自己好一点吧，该买的就买，否则咋办？人家已经对咱这么不客气，咱总得对自己客气些吧？

焦虑的时候，除了买买买，还有扫扫扫，干家务活儿不知什么时候成了一个将焦虑清零的好办法。听着音频拖地，拖到哪个房间，就把手机拎到哪个房间。抹桌子有点问题，因为要不停地涮抹布，而手又是湿的，就干脆把手机放到客厅中间。声音开到最大，在某些房间也还是听不清。听不清就听不清，有个响声陪着，证明我不是一个人在战斗就行。我经常在厨房听音频，与其说厨房的活儿干得时间够长，足够听完一期《奇葩说》，不如说厨房里总有干不完的活儿。洗菜，切菜，炒菜，清理水池，擦洗灶台……不听着点儿啥的话，很难想象这些活儿能坚持干完哪怕一件。听音频的最佳地点是衣柜前，边整理衣物，边听手机，不用挪动。听着听着，清理出一大堆可以扔的衣物，扔完以后神清气爽，又会对生活生出新的希望，或者说，是对淘宝生出了新的欲望。

作为一枚职业家庭“斜杠”女性，我也有我的英雄梦想啊！我的梦想就是永远不用开会，再也不要跟“脑残”同事们扯皮，爱听啥就听啥，喜欢谁就跟谁聊天……可一转念，有了这些大屏小屏，这一切明明都实现了呀。据说人类迟早要被人工智能控制，而电子产品是人工智能派来的先遣小分队。在我看来，如果非得拧巴着不做“低头族”，和这支小分队誓死对抗，不但反人性，还反智性，显然是没有胜算的，不如缴枪投降算了。

贴标签是门技术活儿

我的微信里有一个叫“四季水彩”的水彩画写生群。有一次，群里组织出去写生，我叫上了闺蜜小咪。小咪还没来的时候，群主王暴风问：“小咪是谁？”我脱口而出：“不是谁。”我这么不耐烦反而激发了王暴风的好奇，他不断地追问：“谁嘛？为啥不能给介绍一下呢？”我说：“真没啥介绍的。”他说：“啥情况嘛？”我都快急了：“真！没！啥！”当时的场景很诡异，毕竟所有关于口舌之争的游戏规则都是谁急谁理亏，好像我真的想隐瞒什么似的。于是我意识到，我把自己搞得很被动。

不知道我当时为啥不肯说小咪是谁。人的第一反应一般都是真实的，也就是说，难道在我眼里，小咪真的不值一提？其实更真实的反应是，我不知道该怎么给小咪贴标签，总不能给王暴风如实介绍：小咪不过是个公司职员、家庭妇女，爱吃爱穿爱胡逛，擅长砍价和撩汉，平时还喜欢搞点儿封建迷信？王暴风这个文艺男中年，在文艺上的特长不算太长，但是特推重有特长的人。比如我的朋友K出过好几本书，朋友T举办过画展，这些人都很容易贴标签——作家、画家、设计师，说出来有头有脸。与他们相比，小咪着实没什么成就，在这个敬重才华的专业圈子里，她是个边缘人。

每个圈子都有边缘人。比如在我们公司的饭局上，大家互相介绍："这是苟局长，这是朱处长，这是吕主任……"如果我不幸跟他们坐在一个桌子上，就非常尴尬。介绍人估计也会很头大，介绍到我的时候，恨不得绕过去，可是我又活生生地杵在那里。虽然我并不像长官们那样望眼欲穿地等着人家给自己戴高帽、贴标签，但如果对方真的把我绕过去，我多少也会有点不爽的。此刻，那个介绍的人可能恨不得按个删除键让我马上消失，一会儿需要端茶倒水，或者讲黄段子需要有人配合着傻笑的时候，再按个Ctrl+Z把我恢复了，这样既不得罪我，他也不尴尬。

话说回来，也许我可以给小咪找点艺术化的标签拔高美化一下：小咪，美女、旅游时尚达人、占卜命理学科带头人、生活美学专家。说到这儿，我忽然想起了T。T这一点很厉害，每次听他当众给某人贴标签，简直"惊艳"，甚至会有种期待——他是如何美誉这个人的呢？而这个美誉，和平时聊天时他嘴里的此人又有多大差距呢？比如T私底下"八卦"H君："就是个政客而已，一个在官场上蹿下跳的人哪有精力和心思去琢磨艺术？他耐得住寂寞吗？"而在聚会或饭局上，当着很多人的面儿，他又会这样介绍："H院长，著名画家，他是我认识的画家里官当得最大的，也是我认识的当官的当中画画得最好的！"

可是，给人贴标签的时候太拔高了也未必就能落下好。比如T曾经在自己的微信公众号的推送文里介绍王暴风是设计公司的"总裁"。王暴风就不高兴了，专门给T发私信纠正说，"总裁"是200人以上的企业才能叫的，他的企业没那么多人，何况爱好文艺的他也志不在此，应该把他叫设计公司的"创始人"才合适嘛！没办法，王暴风少年时期武侠小说看多了。这可真是惊到才华横溢的T了，感觉这场考试其实是专门给他挖了个坑，即便复习到吐血，临场发挥到开挂，也猜不中对方想要的那个正确答案。

情不知所起，一往而深

我家“00后”插着耳机，一边写作业，一边摇头晃脑。我问她听的是民谣还是嘻哈，她说她在听《离骚》，还说《琵琶行》《长恨歌》都是听着听着背下来的，并邀请我一起听《我的一个道姑朋友》。我这才知道，这些古风腔调的网络流行歌曲在“00后”少男少女中的风靡程度，丝毫不亚于广场舞在中老年中的热度。

与广场舞音乐相比，这些古风歌词太美丽了：“金甲玄绫披风，踏破云山几万重，长歌藐倥偬，疏狂自在最豪纵，谈笑间生死相对两从容。”古风流行乐圈子多是初中生、高中生在玩，写词的多，谱曲的少，于是就出现了很多翻唱，或给日漫插曲、港台歌曲、国产仙侠游戏的配乐填词的歌。比如刚才那首《齐天》，就是用日本歌手大冢爱的《星象仪》这首曲子，以孙悟空的生平为素材填词创作的，与原歌曲味道完全不同，却也别有一番气象。

因为创作者多为青少年，未免有些“为赋新词强说愁”。网上甚至给出了古风歌词速成教材：用一些关键词拼凑，再套用几个基本句式，就能拼凑出一段歌词。我也用这个套路写了一段：“旧城，青丝，诉离殇，许我一场墨染清商；离乱，缘尽，费思量，许我一场白衣仓皇。杏花江南，陌上白衣，暗神伤，最后不过是情深缘浅烟云梦一场。”

我的大作完成，“00后”联想到她每天听的那些歌词很可能是像她娘亲这样的“中年少女”在洗菜间隙划拉出来的，顿时“三观”尽毁，表示还是越古的诗词越耐听。我深以为然。

屈原的《山鬼》，写的是一个女版的“人猿泰山”，平时幽居深山，不知在哪里遇到了男版珍妮，两人一见钟情，约好了来日相会。那日，山鬼披着薜荔做的风衣，扎着女萝织的腰带，骑着一只火红的豹子，带着一只花里胡哨的狐狸，威风凛凛地冲出山去。知道的晓得她是去约会，不知情的以为她是去打架。这个女人造型炫酷，但热情如火。她用辛夷香木制成的车子开道，车上结桂枝为旗，装点着石兰、杜衡，沿途摘了无数花朵，准备送给心上人……估计她的阵仗把他给吓到了，她的白马王子并没有来，她只好站在电闪雷鸣、风雨交加的山巅，兀自惆怅……比起战国时代的愁怨，今天的闺怨弱爆了。

“00后”通过电音古风音乐寄托思绪，就像“60后”迷邓丽君，“70后”读琼瑶，“80后”追《还珠格格》……每一段芳华都需要绽放。但青春都是一样情思纷乱，少年们会很“维特”，少女也会“情不知所起，一往而深”，用古风歌词表达便是，“一时心头悸动，似你温柔剑锋，过处翩若惊鸿”。毕竟，美人英雄、侠客妖精，这些比房价股市距离青春更近。

默默崩溃

电影《绿皮书》里，近乎完美的黑人博士唐因为肤色被歧视。在深夜的暴风雨中，气宇轩昂的唐忽然情绪失控，哭喊着："如果我不够黑，不够白，甚至不够男人，那你告诉我，我是谁？"这种崩溃，说到底是对已经慢慢走进彼此内心的好朋友托尼的一种撒娇。故事发生在 1962 年，就连情绪崩溃也那么古典。如果唐穿越到现在，要么不会有托尼这样的密友供他去迁怒、撒气，要么托尼和他一样，各有各的崩溃，谁也别指望谁会去忍耐和承担对方的情绪。毕竟文明社会了，把别人当情绪垃圾桶也是不文明的行为之一。

于是，大多数现代人情绪失控都不是咆哮或哭闹，而是村上春树小说式的默默崩溃。主人公失恋后会驾着一辆车，就好像被什么追赶似的奔跑不止。他手握方向盘，从这个高速公路服务站到下一个，从这家商务酒店到下一家。他也会琢磨，事情到底什么时候开始向糟糕的方向流去了呢？可是更多的时候他什么也不想，"仅仅是抓一块木板随波逐流而已。周围一片漆黑，天上星月皆无。只要紧紧扑在那块木板上就不至于淹死。至于自己此刻身在何处、往下朝向何方，……却是一无所知"（《刺杀骑士团长》）。此刻，车不得不扮演朋友托尼那个角色。最后，男主角将车开到引擎再也打不着，抱歉地对车说，"你是替我断气了"。

网上的“防崩溃指南”里有很多鸡汤式劝诫：“成年人的世界，没有‘容易’二字。”“只有你有义务让自己过好，你也必须让自己过好，这是你一生的责任。”听起来任重道远，其实真相是：崩溃的前提是你得有精力去崩溃。就连我家小朋友都说：“无论是学霸，还是学渣，都忙着写作业呀写作业，根本没有多余力气去吵架或打架。即便不得不约的架，也得约在晚上零点写完作业以后。”在凌晨写完作业睡倒前，仅够强撑眼皮发个微信取消约架。崩溃不仅需要精力，更需要动力。即使中学里也不再有明文规定“不许谈恋爱，不许打架，不许……”学生们理解学校的潜台词：“如果谈恋爱、打架……的话，后果自负。”一想到连个阻止和批评的人都没有，还后果自负，就没劲了，散了吧。

有朋友说起自己的崩溃经历：一个人悄悄落泪，从一个地铁站走到另一个地铁站，眼泪流干了，上地铁回家。回家后一堆事等着，发现原来刚才在地铁站之间默默流泪的时光是那么的美好而奢侈。朋友阿猫说，她崩溃的时间点多是凌晨 4 点，醒来的她会点燃一支烟，看半集美剧，在心里想好了要跟某人吵个架之后分手，然后就又睡着了。起床之后决定好好生活，不闹不作，累。还有人说，为了预防在天亮之前崩溃，他会慢条斯理地准备做煎饼，因为要花很多时间。最好手打蛋白，而不是机打，这样会花更多时间。手腕酸了之后，做一切都会更慢、更优雅。最后，一定要用足糖霜和枫糖浆。我套用了这个积极的办法，不过是以北方人的方式，和面、剥葱、发木耳、剁肉馅——包馄饨。要不怎么办？崩溃到睡不着，总不能指望我去读诗，诸如《巴黎的忧郁》什么的。此时此刻，不管怎样，波德莱尔都不如一碗热馄饨。当锅里的水咕嘟嘟沸腾的时候，我知道天快亮了，光线正从四面八方赶来。

以为自己在飞翔

在我家堂姊妹里，丫丫是最调皮捣蛋的。

从堂妹丫丫身上，我见识了什么叫“不听话”，用婶婶的话说，“她天生没长听话的耳朵，她的耳朵是用来让人拧的”。

那一年，我 5 岁，丫丫 3 岁半。有一天，我听到婶婶和叔叔议论：“二芮老实。要是丫丫，你给妈买的点心藏不了两天，都叫她给偷吃了。”我听到这个话一点儿也没有认为是表扬，天知道我有多讨厌“老实”这个词。

因为我没少看到，丫丫爬上院子里的苹果树，把自己倒挂在枝头，冲下面扔苹果花的时候，叔叔虽然怒吼着把梯子搬过来，爬上去捉拿她，但并没有如我期望的，下来后狠狠揍她一顿；丫丫把鸡窝里的鸡蛋掏出来一个个敲碎的时候，婶婶虽然用最尖锐的嗓门嚷嚷，叫我觉得丫丫这回死定了，但他们也不过轻轻在她屁股上拍了拍，比平时拍尘土的力度大不了多少，并没有实践他们自己叫嚣的“丫丫，信不信我把你的皮揭下来！”“再淘气用棍子把你屁股敲个稀巴烂！”；没到吃饭的时间，她去捻一块炸带鱼，偷几个肉丸子，也不见说过“谁偷吃，把谁牙齿敲掉”的大人把她怎么样……

实际上，大人们说到丫丫这些淘气事的时候还颇有些津津乐道，好像她变着法儿的那些捣蛋，实在是让他们大开眼界。

而他们偶尔提到我的“听话”“乖”，远远没有说丫丫时那种眉飞色舞。于是，为了表示我不像他们说的那么“老实”，我找到他们藏的点心，专门趁婶婶进门的时候，大模大样地吃起来。不想婶婶看到了说：“二芮就是老实。要是丫丫，偷吃东西才不会让人发现。”

上小学后，我才稍微拥有了一点听话的孩子的优越感，尤其是放假回去被问及“你考了第几名”的时候，我会大声报出我的排名。尽管丫丫沿着墙根溜走了，但仍会有声音追着她：“看看你姐，看看你，慌慌！”从此，丫丫又多了个名字——“慌慌”。丫丫才无所谓别人说她啥，她要忙活的事儿太多啦。她忙着把小时候坐的婴儿车拆得只剩下一个板子和四个轮子，改装成滑板车，然后我们站在上面从高高的坡上滑下去……

整个童年时期，我跟着丫丫慌慌张张地干了许多“坏事”——用水浇蚂蚁洞，穿上雨衣捅马蜂窝……天哪，她是怎么知道这么多有趣的游戏的？

暑假里最疯狂的游戏是，在二楼阳台上，我和丫丫用塑料水管接到水龙头上互相滋水。水滋到丫丫身上的时候，她就会跳起来做各种动作，装鬼或者跳大神。最挑战的是任冰凉的水滋到身上一动不动，不许笑，不许有表情，看谁坚持的时间长，谁有动作谁就输了。这个游戏发展到没有水也可以玩得很高级——靠在墙上，任对方把自己折叠成各种形状。这个游戏，丫丫叫它“铁丝人”。腿伸到不可思议的高度，手扭到难以置信的程度，有点像搞笑版的瑜伽动作。“铁丝人”会被摆弄得或张牙舞爪，或扭扭捏捏，或卑躬屈膝。这个游戏还有升级版，就是需要配合动作做相应的表情。

好多年过去，才觉得丫丫真是个天才，8 岁就能设计出这样高端的游戏，如今满世界的人不都正在玩这样的游戏吗？不同的是，我们当时知道这是游戏，所以心里憋着狂笑憋到内伤，而现在正在玩这个游戏的人们玩得太认真投入了，他们不认为这是个游戏，他们憋着眼泪憋到内伤。

我不知道如果没有丫丫，我的小时候会有多乏味。有了丫丫的引导，我才发现那些被大人危言耸听的禁止，有时候有多可笑，而如果错过了这些被禁止的乐趣，又有多可惜。

丫丫能够在任何地方找到乐子。到了青春期，我们的游戏转向了户外。我们游荡在县城的街道上，溜达到溜冰场。那里有很多男孩，我和丫丫都心照不宣地期待，他们也许会跟我们搭讪，也许会冲我们吹吹口哨。虽然丫丫说，“如果他们敢跟上来，咱就说咱哥是宋十二（县城里最有名的地头蛇）”，但遗憾的是，那时候我俩都长得像褪毛鸡一样，非但没有人跟上来，就连让人在想象中脸红心跳的吹口哨，其实也只是在滑着滑着摔了个狗吃屎的时候，才会有人幸灾乐祸地吹。

“这个地方不好玩，咱去个好玩的地方。”县城的舞厅里聚集了所有的“坏”小孩。我提前穿上过年的新大衣，跟丫丫去舞厅。有人跟丫丫搭讪。有一个表情粗鲁，眼神很凶；还有一个张嘴笑的时候牙齿黄黄的，不知是不是被烟熏的。总之，那些个冬天，我想象中的白瑞德那样放浪不羁的男孩没有出现。

我回城里上大学，丫丫继续玩这个游戏，玩得很彻底，以至于暑假我再回去，她已经顾不上跟我玩了，而是忙着投入各种约会。约会对象有邻居家那个看上去斯斯文文的“男孩”，还有舞厅里眼神很凶的老大，还有一个是全校女生的“男神”。那时候的丫丫，就像引发特洛伊战争的海伦一样，不知有多少人为她打过架或挨过打。她自己也在熊熊燃烧，为了这个那个愤怒或伤心。幸而她作为文艺特招生考上了师范学校。她去市里上学以后，不是她安生了不少，是县城里安生了不少。

过了许多年，各忙各的，我们各自结婚，折腾日子。我偶尔回老家，丫丫还带我去舞厅，但她说县城太小，不好玩。有一段时间，她会频繁地来市区，但我俩已经不能愉快地玩耍了，多数情况是因为对时间的理解有差异。比如，她说好下午来找我，我以为的下午是 2 点左右，但她一般会在晚上 6 点以后出现。如果和她敲定下午 2 点，她也会迟到至少一个小时。这一个小时里，不用问她干啥去了，不过是逛街，购物，喝冰水，东张西望，或者还寻思着“遇个艳”。也许她有她的道理，她只是按照县城里的时间悠悠地走，像小时候一样，不按任何规矩出牌，听任自己的心情来去。我的指责，就像小时候她受过的诸多呵斥一样，被屏蔽掉了。

后来，丫丫心血来潮开了一家私房菜馆，我俩只剩下一件事很合拍了，就是吃。只要聚在一起吃，吃什么都好吃，童年的回忆都通过味蕾回来了。可是我发现她做餐饮的唯一收获，只是变得对食物格外关注了。她能在从来没有驻足过的街道找到最可口的小吃，美其名曰“考察学习”，但更关注的不是学习制作过程或摸索营销方式，而是纯粹的味觉享受。所以做生意没使得丫丫有任何消耗，反而日渐发胖，用婶婶的话说：“那些从前被她迷得五迷三道的男生们，如今在街道上见了丫丫，都敲锣打鼓庆幸去了。”

她的店一直不景气，她自己说是因为店面不够大，装修得不够有情调，于是到处借钱扩张和装修，但都被亲戚们毫不留情地拒绝了。理由是她心无定性，慌慌张张，主要是“不听劝”，和小时候“不听话”一脉相承。

“不听话”也许不会使人平庸，“不听话”但有主意的人，有可能闯出一条谁都想象不到的奇幻旅途。可是“不听话”又没主意的人，可能就随着自己内心的波浪，无目的地挣扎和滑落，不知道会漂到哪里去。

忽然想到儿时那个富有讽刺意味的“木头人”游戏。可是，不想变成“木头人”或“铁丝人”，就得有自己雕刻自己的艺术和力量。反之，只好哪儿舒服去哪儿待着，直至变成一团或一摊看不出形状的东西。

不听话的后果，是不走寻常路，所以要么飞升，要么坠落。

有句歌词唱到“Funny how fallin’ feels like flyin’, for a little while”（有那么一瞬间，感觉坠落就像在飞翔），遗憾的是，多数人以为自己在飞翔。

做餐饮生意的时候，因为总是借钱和抱怨，丫丫变成了她小时候讥笑过的那种大人——饶舌，无趣。但我始终不相信丫丫真的会变成小时候我们躲着的那种大人——看人的时候眼睛咕噜噜转，好像总是在盘算的那种精明的大人。可是，后来她改卖服装的时候，连我都不爱去她的服装店了，因为她会追着每个来店里的人兜售：“需要什么？我给你推荐一下？这件显瘦，这件显肤色白，看看这个嘛，这件显年轻……”好像人家不白，不瘦，不年轻。这些话没人爱听，就像她小时候不爱听的那些规劝和否定一样。

后来，丫丫把店盘出去的时候，借口是这些年电商起飞，实体服装生意不好做了。

最近丫丫生了二胎，是个儿子。谈到丫丫，大家都有种尘埃落定的口吻。婶婶去看孩子的时候，忍不住说：“你再别胡折腾了，安心看娃吧。”好像丫丫这一生，总算是做了这一件正经事。

毕业季

孩子们都到了毕业季。

微信上有几个人问我家女儿小升初考得怎么样。人家都是好心，但是我一点也不领情，觉得说些人情话表示关心的人都挺乏味的。倒不是因为她没有考得多好（世俗标准上的），显得他们哪壶不开提哪壶，问得煞风景，而是在她自己的标准里，这回已经算考得不错了。在我的标准里，她考得刚刚好，不多也不少。考得多了，说明童年没有充分地用来享受童趣，都忙着给脑子里塞“有用的”东西了，透支了脑力；考得少了，说明童年是在自卑中度过的，毕竟人要在集体中生存，没自信就没尊严，没尊严会给孩子留下心理阴影。

女儿一点也没有被考试成绩所影响，她屏蔽负面情绪的能力还是挺强的。或者说，生活中有更多她从来没有经历过的新情感让她应接不暇。比如说，要毕业了，这个学校忽然就不属于她了，她再回学校就不是以小学生的身份了。这其中的身份焦虑，对于成年人尚且有“不可承受之轻”，更何况孩子。幼儿园毕业那次，她还小，虽然也有失落，但那浅淡的惆怅，一颗糖就能让她遗忘。而现在的忧伤，是深刻的，甚至是复杂的。在学校的最后两周里，她很关注老师对他们的态度变化：“从前觉得刘老师光知道上课，一点也不关注我们，总是把我的名字和六班的一个孩子弄混，这几天刘老师对我们可慈祥了。王老师好像对我们一点也不留恋，作业都懒得改了，窝在教室后头看手机……”说这些，主要是因为她对老师有说不出的留恋，而老师对她的离开好像并不在意，小心灵第一次体会到了用心付出却得不到回应的疼痛。

开始给同学写留言时，女儿挺兴奋，但是写呀写，到后面几天，捧着同学给自己写的留言看来看去，忽然意识到，这些人可能以后很少能再见到了。就像有些早熟的孩子在留言册上坦言，“考完了本该如释重负，可是那一天越来越近了，就怕再也见不到他了”。毕业的伤感弥漫到极致，还有多情种子在QQ群上发毕业合影，说“这有可能是你和你喜欢的人唯一的一张合照”，中枪的孩子诚实地表示无比惆怅，围观的人都捂着嘴偷笑。

说回女儿的毕业季。六年来，她最讨厌的是“周一穿校服”这个规矩。女儿随了我，天性散漫，经常会有这样的情况——送她到学校门口，她忽然脸色大变：“糟了！忘穿校服了！”这样的桥段几乎每周上演一次，然后她会绝望地看我一眼，走进学校。因为她知道她妈更不靠谱，绝不会像别的家长那样飞也似的冲回家给她取忘带了的书本、忘穿了的校服。她得赶紧离开，否则她妈还会幸灾乐祸嘲笑她。距离毕业还有半个月的时候，女儿自己把校服翻出来，连续两周自觉穿着去上学。已经是六月中旬，天气热得路上很难找到还穿校服的孩子，她却说：“教室里空调很凉的！”其实是因为小学校服以后再也没有机会穿了。

对于还不会煽情的孩子来说，离别有沉重的、说不出来的味道。女儿说：“这个周五，是我们最后一天课。我想可能没有人会哭，都会装作没事人的样子，上课，下课，放学对看到的同学说‘再见’。其实大家心里都清楚，以后不一定能再见了。”我问：“不会有人哭吗？”她把话题转开了。她说，有一次上阅读课，小美的同桌谢肥读一篇文章：一只小鸟和一棵树很好。有一天树不见了，小鸟到处去找树。它飞到森林里问，有谁看到树到哪里去了？松鼠告诉它，树被砍了，运到村里的木材厂去了。小鸟去木材厂，其他木材说，树被做成火柴了，在一个小女孩家里。小鸟去找小女孩，看到小女孩正在划一根火柴，小鸟就哭了。念到这儿，谢肥就哭了。小美很奇怪，谢肥为什么会哭。不过小美也哭过。体检的时候，抽血的男生们逗她说“可疼可疼了！”，小美一边排队，一边发抖，还没排到她，她就哭了。

我想起我的小学毕业季。那年我家调离山里的军工厂，前往另一个城市。前一天晚上，我妈让我和邻居小伙伴毛三睡在一起。我一想到以后山长水远，再也见不到毛三，就哭了。毛三特别好奇：“你为什么哭呢？我只有我爸打我时才会哭的。”第二天，我刚一上车，从车窗里看到毛三站在下面，哭成了个泪人儿。

到达新的城市也是六月份，也就是说，如果转到小学的话，刚好得参加小学毕业考试。父母说，还不如直接从中学转到中学。可以不参加考试了，耶！人生所有的“越轨”可能就从那时候埋下了种子，让我尝到了不遵从特定轨道的可能性和甜头，还有孤独。于是，我有了长达三个月的暑假，漫长到不知道该干啥的毕业季。书还封在箱子里没取出来，家里还没有电视，不认识其他孩子，没有朋友，每天唯一的娱乐就是晚饭后跟父母一起在厂子后面的麦田里散步。沿着麦田走到头就是个鱼库，其实就是六个人工湖泊，湖边两排高大的白杨树。鱼库的景色不是一成不变的，湖水的颜色根据天气不同而不同。夏天的傍晚，火烧云映衬到水里，在夕阳的金光里，湖面波光粼粼，天地瞬间变得神秘而壮观。

在这个漫长的暑假，我却好像一下子被抛到了荒原，头一次体会到无聊的滋味，无聊得连睡觉都没意思，吃饭都没滋味。如今我匆匆地奔忙，换来一年中有几天可以到风景美丽的地方羁留。虽然每年都能去不一样的地方，看不一样的美景，可是这种生活，怎么能和随时都能看到春天湖岸边的浅草、夏天的荷塘、秋天的镜泊、冬天的残冰相比呢？所有美丽的地方都是上天对人类的恩赐和安慰。距离家那么近的地方，有那么美好的一个所在，真是幸运。看去年的燕子又飞来做窝，这种稀松平常的趣味，如今却需要高昂的代价了。

那段时间是人生中一个意外的空白，也是一次过于漫长、无聊的缓冲。待上了梦寐以求的中学后，开启各种搏杀和冲刺，才发现那种空白是多么令人回味。于是我在后来的人生里，遇到急转弯和急刹车的时候，所有人都指手画脚地告诉我应该这样、那样，你怎么不这样、不那样，我却总是想赖在原地，哪也不去，什么也不想，什么也不做。就像面对白杨树下那一湖镜水，它那么美，美得不需要一丁点儿意义和诠释。

我没上过高中和大学，说到大学毕业季，据闺蜜文君说，6 月 29 日还觉得母校是母亲，到 7 月 1 日母校就变脸成后妈了，因为母校已经把毕业生们当钉子户了。学校会给宿舍断水断电，学生们会彻夜砸东西，发泄几年来集聚的情绪，以及对未来的担心，对变化的恐惧……大学毕业生们最想不通的是，迎新时敲锣打鼓地欢迎，毕业时咋就人还没走，茶就先凉了？

研究生毕业时，开始流行吃各种各样的散伙饭，我都没参加。我一直认为，超过四个人以上的团体，其真诚度就要打折扣了，就有可能两两之间有分歧，有隔阂，那么，多么大的伤感或者共鸣，才能够溶解这些纠葛呢？我对人性其实一直没有信心。

而两三个知己之间是无所谓散伙的，因为要好，所以天涯咫尺，距离或时间，只能风干多余的水分，增加感情的浓度。

若是分手，就更不好玩了。伤心是个大伤口，没有必要再往上拉一刀，没有必要再秀一下或者炒一下，甚至没有必要放大或拉长。需要形式化、仪式化的感情，其纯度就已经可疑了，就让它“轻轻的我走了，正如我轻轻的来”好了。需要用一醉方休去糊弄或煽动的感情，那是“醒时同交欢，醉后各分散”，透过岁月的迷雾看去也很矫情。感情不会因为酒后的胡言乱语就变得纯真或厚重，就如同伤心不会因为酒的麻醉而消失或减缓。

喜欢把离别酝酿得分外煽情的人，恐怕是生活太平静了，需要刺激一下情绪。而我，不知从什么时候，就不喜欢夸张地放大的情绪了。

没事就是最好的事。

在资产负债表上跳舞

1

小学三年级的寒假回老家，过年亲戚们聚会，小表妹海荣表演了一段舞蹈。海荣那时候大约上一年级，穿着孔雀翎花样的毛衣，动作十分灵巧。我们惊奇地围着她，看她载歌载舞，就像围观一个奇迹。

几个表姐妹都扭扭捏捏地跟她学，我也学了几个动作。从老家返回厂区以后，我对跳舞这件事的兴致高涨。和同桌小彭商量，叫几个女生一起编段舞蹈，在学校的迎新晚会上表演。我们约好每天晚上去学校排练舞蹈。排练的事，我们忍住不告诉任何人。就像童话故事里说的，如果把魔法的秘密说出去，魔法就会失效。每天傍晚溜出门，我们都像怀揣光复大业的地下组织，趁着夜色潜入学校，没有教室钥匙，就在操场上借着月光排练。可除了我从表妹那儿学的几个动作，几个人搜肠刮肚也想不出更多的动作了。最后的表演效果不记得了，大约不会是个奇迹。

后来，我们家离开了厂矿区，我回到老家所在的城市上了初中。中考前，老师在班上选了几个女生去参加师范学校的考前培训，我终于有机会学到几段成品舞。

那年中考，我考了全区第二，被当时很热门的财政会计学校（以下简称“财校”）录取。入学不久，财政系统文艺汇演，我跳了一支师范考前培训时学的舞，从此加入了校文艺队。每次演出前，文艺队的一个男生都会找借口来陪我训练，给我准备一大杯白开水，里面放一大勺白糖。他一定很羡慕我隔壁班的晓彤能够跟我朝夕相处。跳集体舞的时候，我是领舞，晓彤是伴舞。当我独舞的时候，她帮我化妆、盘头，在下面看衣服，看动作和走位……平时几乎每节课间，晓彤都会站在我们班门口等我。我出去，她没话，只抿嘴笑，那意思是："没事，就是看一眼你。"少女的友情快速发展起来会变得又黏又腻，好像不如此这般，就对不起彼此的深情厚谊。我们连上厕所都要站在教室门口等对方下课，手拉手一起去……

在财校当明星的经历并不顺遂，元旦演出一年一度，即便是巡回演出，也不过是几个月。毕竟是一个培养会计的学校，比起文艺活动，学校会更频繁地举办珠算比赛和做账比赛。几次比赛以后，我才发现好像进错学校了。学校和专业都是我爸替我选的，他在厂里报账时总被会计们各种为难，于是认定会计是个"吃香"的职业。我虽然隐隐排斥听上去四平八稳、循规蹈矩的"会计"这个词，但当时财校毕竟是全市收分最高的学校。此刻我才感觉这个大家交口称赞的"好"专业好像不适合我。文艺和会计需要的思维方式是截然相反的，我对舞蹈越倾心，就对会计越抓瞎。平时围着我转的几个舞蹈队的队友，在我几次比赛惨败后，也羞于跟我做朋友了。

2

珠算考试以后，晓彤还站在门口眼巴巴地等，可她等的已经不是我了，是我们宿舍的老齐——老齐珠算比赛第一名。我这才明白过来，与其说晓彤爱舞蹈，更爱珠算，不如说她既不爱舞蹈，也不爱珠算。她爱的是那个风头无两的第一名，不管是跳舞第一，还是珠算第一。

当晓彤出现在我们班后门时，不明情况的同学叫我："晓彤找你。"我出门，从她身边走过，她装作没看见。她干吗要看见我？我只是个曾经的朋友，前面还有很多更好的人和事在等着她……就像歌里唱的，"对面不识，恍然间思绪翻涌。望你白衣如旧，神色几分冰冻，谁知我心惶恐"。可是，不知为何，看到她回避我的眼神时，我会那么窘迫和无地自容。难道不应该是她感到尴尬的吗？

毕业时，隔壁宿舍的一位女生在我的留言册上写道——"你的光芒灼痛了我的眼睛"，我才想起我也曾经不可一世过。那次友谊小船的莫名倾覆，早就使我的自尊心一落千丈。在心底，我开始排斥与会计有关的一切。我会寻思，怎么会有人喜欢会计这门专业？这该是天下最乏味、最无趣的职业了吧？成天输入数据，输出数据，"吃"进数字，"吐"出数字，不需要想象，也拒绝感性或性感，机械呆板，和一台计算机或"食字兽"有何区别？

我越觉得选错了专业，就越不想学；越不想学，会计科目就越为难我。在几次考试挂科之后，我没事就躲去隔壁艺校转悠，舞蹈成了我用来逃离现实的唯一途径。虽然我的成绩差，但我可以借一个非主流的特长，幻想自己鹤立鸡群。有了舞蹈加持，我以为自己可以傲藐众生，其实只是逃避学业上的自卑。

财校四年，我所有业余时间都用来找人学舞蹈了。在艺校扒窗台偷窥了几节舞蹈课后，我就绝望了，他们训练中最一般的舞蹈动作，技术难度也很高。我一个业余段位，没条件天天对着镜子拉伸、劈叉，永远也做不到像专业的艺校生一样，轻松地把腿举到后脑勺上。我急切地要学到一些易于表演的成品舞，到处打听哪里能学。我去找上了师范学校的中学同学们，她们辗转给我介绍了几位学姐——我其实是个腼腆又自尊心强的人，却不得不逼着自己挨个儿走访陌生人，软磨硬泡求人家教我一段舞蹈。那段时间，我见的最多的是对方不耐烦的表情。但我宁愿看陌生人对我爱搭不理，也不想在学校里待着，因为会在任何一个角落里与晓彤狭路相逢，冷不防撞见她跟老齐有说有笑，“我只能假笑扮从容，侧耳听那些情深义重，不去看你熟悉脸孔”，好不刺眼扎心。

其中在聋哑学校教舞蹈的一位师范学姐，我去找她的次数最多。聋哑学校很远，我几乎穿越了整个城市去拜访这位小姐姐。我去的次数太多了，已经看出她正在和校长的公子谈恋爱。他们在一个用洗手间改造的办公室里斗嘴，我尴尬地倚在洗手池边，一遍遍地拧那个已经不再出水的水龙头，希望他们赶紧结束聊天，好腾出空儿，教我几个动作。脸色看多了，我很敏感地发现，有时她希望把当电灯泡的我赶紧打发走，但有时她并不排斥我的存在，有时她甚至会期盼我的到来。

何况我的幼稚、殷勤和笨拙也陪衬了她。她不是那种第一眼美女，皮肤略微粗糙，五官也有些平淡，但教我跳舞时，整个人会焕发光彩，变得魅力四射。那小伙子一定和我一样，深深为之倾倒。不同的是，我着迷的只是舞蹈，把对舞蹈强烈的渴望投射到她身上了。那段日子，我睡梦中都在琢磨着舞蹈动作，琢磨得越多，越相信这些神奇的舞蹈动作、组合都不是凭空出现的，它们一定藏着什么密码。有朝一日，倘若我破解了这些密码，就不用求人了吧？

3

没想到终有一天，在舞蹈这件事上，我不用求任何人了。不到二十年，很多事物都变了，与舞蹈有关的视频、综艺、比赛、公众号、社群令人眼花缭乱，与舞蹈相关的训练班——民族舞、现代舞、拉丁舞、爵士舞、鬼步舞应有尽有。就像司机不再是一个特权，甚至不再是一个职业，变成了一项必备技能，舞蹈也不再是一个技能、一个特长，变成了一个健身项目。

在傍晚的公园里转一圈，能找到任何一个种类的广场舞。有时候会想，我的财校同学看到满大街的广场舞，会不会想起我——那个珠算考试挂科，利润平衡表从来做不平，只会跳几支舞却故作清高的女生？他们会不会哑然失笑？也许连笑话一下从前的我都顾不上了，令人感兴趣的新事物逶迤而来，令人焦虑的事情也千头万绪。房贷和理财哪个点儿高？买房划算还是炒股靠谱？什么能锁住人民币缩水？怎样能跑赢通货膨胀？……不用会计考试，我们每天都在脑子里算账，谁还记得跳舞这桩小事？

小区门口就有好几支广场舞队，工作焦头烂额到令人崩溃的时候，我是这样做白日梦安慰自己的：万一有一天实现了财务自由，我才不会跟风“世界这么大，我要去看看”，只要天天去跳广场舞就好。可万一我跳得太好了，她们非要拥戴我站最前面，让我领舞，可咋拒绝呀？我才从一个按部就班的生活里出来，再不愿意过那种秩序井然的日子了好吗？

事实证明我想多了。很多广场舞的技术含量高到我已经没机会耍大牌了，能滥竽充数跟着一队高龄组都不错了。在高龄组简单到摇头摆尾的动作组合里，我若跳错了，或者脑子抛锚了，都没所谓，反正大家都在胡乱比划，反正我只想跟着音乐漫步，不想动脑子。这些都是符合我这个忙得要死不活的“上班狗”偶尔闲下来宁愿放空自己的节奏。

有天晚上，我路过一支广场舞队，音箱里响起一首老歌。顿时，我被击中了，这首歌是我在财校表演的第一支独舞的舞曲。随着这首歌汹涌而来的前尘往事，一帧一帧都浮现到眼前，那些与舞蹈有关的过去，都像放电影一样，一幕幕浮上心头。我在音乐里，广场上，触摸着它们，轻轻地，和自己的过往一一相会，问候，感慨，告白。在这个过程中，与其说忽然发现自己不再年轻了，不如说忽然发现自己曾经那么年轻。

我已经有多久不曾回忆过往了？后来的我也学会了像晓彤一样，对待不再“有用”的东西冰冷、坚硬，再无眷恋，从不回头。也未曾发现，自己走了这么远，却在一首广场舞的音乐里，忽然和从前的自己劈面相逢，猝不及防。

我曾像收集财宝一样，把学过的舞蹈动作用只有自己能懂的符号画在本子上。别的同学在做资产负债表，我在表格上画舞蹈动作组合……多年以后，收拾东西，翻开那本工业企业财务管理的作业本，我怎么也看不懂这些鬼画符了，也想不起来该怎样比划了。没想到音乐声一响起，我又全都会了，它们一直在那里。

一直在那里的，还有我去寻找那些会跳舞的小姐姐们时的忐忑、尴尬、沮丧而又充满希望的心情。这些心情，我在后来的人生里遇到过无数次，去见某个爱慕的人，去某个心仪的地方……就好像即将要接近一个又一个奇迹。这些奇迹，有的如昙花一现，有的如星辰大海，照亮我平凡幽暗的人生。

六

方寸

披着林黛玉外衣的王尔德

在上班族里，生病可能是使用频率最高的一个请假理由。据全球最大的劳动力管理解决方案提供商克罗诺思公司调查称，七成中国人承认有过“装病翘班”的行为，位居全球之首。在各种装病理由中，感冒是首选，成为45%的白领翘班的理由；25%的人选择了肚子疼；5%的人装病理由是牙疼和头疼；25%的人装病理由为其他，比如眼睛流泪没法看电脑，脚崴了，韧带拉伤，颈椎病，肩膀疼……

在我们公司，把装病技术运用到炉火纯青的当属郝姐。她跟部门主管老袁讲过，她甲状腺不好，容易动气，做不了前台工作，和客户吵起来对公司的影响不好。老袁就安排她在后台写写计划总结，但也被她婉言拒绝，理由是自己眼睛也不好，长期看电脑，眼睛会疲劳，疲劳了就会充血，充血了就会发炎，发炎了的话……“我的外公就是因为用眼过度突然失明的。”失明？好吧，部门主管可担不起这个责任，老袁就安排她出外勤。她出去了就没回来，直接住了半个月医院。据说是因为天太热，她心脏不好，晕倒了。并没有目击者，也不知她怎么到医院的。

有时我们也会被郝姐搞懵。比如逛淘宝的时候，郝姐凑过来给我们指点：“像咱们这个年龄的人吧，服装面料一定要讲究……”在分配工作任务的时候，顿时画风突变，她又会和“咱们这个年龄的人”坚决划清界限，说：“你们年轻人要多表现！在你们这个年纪的时候啊，我一个人干你和小方两个人的活儿呢！现在不行了，走多了路，腿会疼……”

对郝姐质疑最大的小方，本着爱知求真的精神，一针见血地指出：郝姐的这些病虽然严重影响了工作，但是貌似一点也不影响她的生活。据小方说，在他加入的羽毛球微信群里，一直潜水的他发现了郝姐。在群里，郝姐可不是一般的活跃，每周都和球友约打羽毛球。而朋友圈则泄露了郝姐上月休假去海南参加了环岛自行车骑行。她眼睛坏到看电脑多了会失明，却不耽搁她看手机。小方用过一次她的手机，说上面衣食住行 App 一个都不少。

小方对郝姐的腹诽，就像中世纪神学家谴责那些在他们的妻子身上找到快乐的丈夫，就像 20 世纪的消费主义批评家谴责在虚幻商品上寻求快感的中产阶级。“需要和欲望之间该如何选择？”在这个辩题上，他们的价值判断完全不同。比如休闲娱乐对于郝姐来说是必需品，小方却认为是奢侈品，而工作中耗费的体力对郝姐来说则纯属浪费。

其实，包括主管老袁在内的同事们，谁不知道郝姐在撒谎呢？可是，郝姐早就打定主意在公司做一个空心人和无脸人了。她对面子、尊严、价值的认同和大家都不在一个次元，就像奥斯卡·王尔德早就说过：“人没有身体才能真正符合中世纪的要求，人没有灵魂才能真正符合现代的要求。”所以，从这个意义上来讲，郝姐内心里是王尔德所说的那种“现代人”，虽然她借来了林妹妹那件“多愁多病身”的外衣。

年龄是条穷追不舍的狗

当“90后”都调侃自己有了“中年危机”的时候，叫“90前”情何以堪。年龄就像一条在背后穷追不舍的狗，这几年，连阿葱都有个明显的感觉：在一个社交场所，如果对你笑的人多，那么说明你在这个群体里算年轻的，反之，年龄大了，就不那么招人待见了——尽管“‘年轻’不是你们努力争取的成果，‘老’也不是因为我做错什么而得到的惩罚”（电影《银娇》）。

比如阿葱在公司前台工作的那几年，前台大多数是“90后”的年轻姑娘，她算最年长的。她也想尽量融入姑娘们中间，于是表现得分外慈祥，老远见了姑娘们在一起嘻嘻哈哈，她也对着她们笑。她们一致的反应是装作看不见——你笑烂了我也看不见。

阿葱不得不换了种套近乎的方式，等她们做错事了，犯傻了，感情出问题了，和客户吵架了，跟家人任性闹脾气了，她就会跟她们讲人生。毕竟自己这么多年也是一步一个跟头跌打滚爬过来的，她不介意把自己的宝贵人生经验“投喂”给她们，就像给她们赏赐一颗仙丹——自己吃了多少亏才炼出这颗仙丹啊！姑娘们的表情显得挺客气，但阿葱能看出她们掩饰不住的不耐烦。阿葱好失落，好失败，仿佛自己这么多年的弯路都白走了，日子都虚度了，年岁也虚长了，最可怕的是，跤也白摔了，亏也白吃了。对年轻人来说，能坐着听你叨叨，不看手机，你都该感恩，给人家颁发“好孩子”奖状了。

人家“好孩子”“坏孩子”们见面了倒是天然亲，她们呼朋唤友、吃吃喝喝的时候从不带阿葱玩儿，只当阿葱是另一个物种。阿葱尝试着用别的方法跟孩子们搭讪，比如，在她们午休百无聊赖的时候，凑过去跟她们聊天，暗示自己从前在行政办做秘书，跟老板很熟，如果她们有事，可以尽管跟她开口……讲完了才发现，她们在忙着倒腾耳机，准备在手机上追剧，对她的提议并没有热情。阿葱差点去拔耳机，然后吼一句：你们咋不思进取呢？这些脑残剧有啥好看的嘛，都是垃圾！可是，只要她敢这么说，人家的表情肯定是——“你才垃圾，垃圾中的战斗机！”

好在今年开始，阿葱调回公司总部，发现对自己笑的人明显多了，连女上司Z姐出差也执意带上阿葱。阿葱却一点也不识抬举，机票都定了还在为不想去找各种理由。可不是吗？出去的地方不重要，跟谁去太重要了……阿葱一路走，一路发微信跟我们抱怨：“白天一整天都无缝绑定，心累！晚上Z姐还打呼噜，声音大得能把人从床上震下去。最忍无可忍的是，这位大姐特别热衷讲大道理，可她的人生经验跟我有啥关系？”

在公司总部，阿葱算是年轻的，偶尔穿件亮色衣服，化个清新的妆，去餐厅排队点餐的时候，连平时不跟阿葱言笑的顶头上司老Q都忍不住凑上来，把脖子伸得长长的，都快伸到她碗里去了，笑得眼睛都眯成缝，跟她搭讪：“今天吃啥呢？”这种不合时宜的关心并不能弥合代沟，尽管老Q指挥阿葱加班拟文件的时候，也会展现长者那无处不在的关怀：“刚才开了个会，太震撼了，我们的城市要大发展了！会有好多政策福利，要抓住机会啊！看看你，看看你，年纪轻轻的，成天趴在这里写文件，写材料，浪费光阴……”见阿葱听得发懵，老 Q 大手一挥：“赶紧写啊！领导马上就要呢！”

被外星人带走了

凌晨 5 点醒来，忽然觉得很疲惫，心里寻思，要不今天请个假，休息一天？那么就盘算一个说得过去的理由吧。其实我最想说的理由是，早上一出门就被外星人带走了。后来呢，外星人嫌弃我不聪明，不漂亮，不听话，不是男的，不是一只孔雀或一头大象，把我放回来了……可是，即便这事真的发生，说出来上司也不会相信。

这就是个悖论。换句话说，我不必说实话，只需说他想听的话。比如，我感冒，发烧，拉肚子，越严重越管用。表示尊重最好打电话请假，描述病情时最好加上呻吟，让对方隔着话筒都能感受到你的痛苦，给他一个对你表示同情的机会，这样就符合“常理”了。虽然是信息时代，但并不提倡“有图有真相”。倘若果真把打着吊瓶的照片发过去，就太不含蓄，过于高调，有股不招人待见的幽怨，暗含令人不悦的挑衅。

要么我就说脚崴了。可这个理由因为太过偶然，偶然到过于接近一个谎言，而我既然这么处心积虑地找借口，就不能找这么没技术含量的借口。所谓的技术含量，不是对请假借口真实性的拿捏和推敲，而是对上司心理的揣度和体贴。毕竟上司自己某次升职未遂，一生气撂挑子，给上司的上司的请假借口也是“脚崴了”。在这之前的公示考察阶段，他即便真崴了脚，也会拄着拐来上班，生怕错过了被组织考察的机会。也就是说，“崴脚”这个被嚼过的剩饭太蹩脚，会被理解成怄气、消极怠工什么的。何况伤筋动骨一百天，“崴脚”这个理由用在“只想偷懒一天”的背景环境下，太浪费。

在辗转反侧中，已经过去了一个小时，我忽然觉得很惭愧：如果我是在苦思冥想人生真谛，或者追忆某个求之不得的人，缠绵于某段寤寐思服的情，抑或在研究伟大的哥德巴赫猜想，发誓为探索人文、宗教、哲学、科学、真理而“上穷碧落下黄泉”，也是值得的，可我不过是在寻找一个不想上班的借口，那就太 low 了。要么我干脆胡乱说个借口？头疼，肚子疼，哪哪都疼，上司那边儿，爱咋想咋想。我也不是明星，你也不是买了昂贵门票的观众，我没出场你觉得亏了非得跟我没完？我得头上流着汗、眼中含着泪真诚致歉？相反，我请假了，如果你不批准，那就是你欠我的了？咱们的账，谁欠谁的由我说了算？

可惜，并不是。谁欠谁的如果由我说了算，我也用不着这样搜肠刮肚地找借口了。在想象如何装病的过程中，我觉得自己真的要病了，病得像王家增画的《机器监狱》里的人那样，面色枯槁，消瘦矮小，目光无神，被装在密闭、森严、方正的铁盒子里，排着队，和很多人戴一样帽子，穿一样衣服，流露着同样的表情……这个铁盒子不仅仅是控制性的，同时也是有登记功能的，我只有进入铁盒子，才能找到自己的位置和身份。

然而，这个铁盒子还是有保护作用的，哪怕它令人窒息。这是一个更加诡异的现实，也就是说，我必须保持一种病态，才能妥当地待在这个安全的铁盒子里，而我为了不想进入这个铁盒子，必须声称我病了。那么问题来了：我究竟在盒子外面算有病，还是在盒子里面是有病呢？因为想不通这个道理，我还是收拾收拾上班去了。

浪子回头

阿毛和小柚在一个办公室。小柚值完班回到家，想起忘关办公室的电暖气了，发短信问阿毛在不在附近，能不能去帮她关一下？阿毛二话不说跑回办公室替她关了，后来才知道阿毛当时在距离单位一百多公里外的机场办事，比小柚家距离单位还远得多。从此，两人越走越近，中午一起吃饭、看电影，下午小柚开车接孩子，顺便捎阿毛一段路……

再后来的故事就有些狗血了，小柚和阿毛的聊天记录被老公发现了。小柚的老公和阿毛约了一架。但她老公约架前，没有知己知彼地衡量双方实力，导致刚一出手，就被行伍出身的阿毛撂了个趔趄。而小柚则又生气又委屈地站在一边，装作打电话，距离这两个男人远远的，一点儿也没有像引发特洛伊战争的海伦一样心生骄傲。海伦最起码还算是一件奖品，谁打赢了就能得到她，而现在这两个人，只是为自己的面子而战，估计谁对她也不是真爱。

说阿毛对小柚不是真爱也不完全对，因为阿毛已经和老婆分居了，按说也该到了不顾一切和小柚私奔的火候了。当时小柚也豁出去了，把自家准备出租的一套房子的钥匙偷偷交给阿毛。但阿毛在单位沙发上卧了两天，思来想去，把钥匙还给小柚，然后，回归家庭了。

出来鬼混可以有万千个理由，性格不合，感情破裂，老婆不贤惠，不漂亮，不体贴，甚至给自己洗袜子洗得不干净都可以是理由。而回去却只有一个理由：还没想好。

“还没想好”四个字在小柚看来很扯。她问阿毛：“没想好什么？没想好面对同事们的眼光？没想好面对以后成员复杂的家庭生活？”总之，阿毛充满愧疚地回去了。阿毛是个抠门的人，平时吃饭、喝咖啡，乃至买电影票都是小柚掏钱，但给小柚买过一块名表。小柚把表摔了。

接下来，阿毛升职，搬离了他们共同的办公室，到郊区的一个部门当了部长。几年后，阿毛调回机关，小柚还在离婚拉锯战中，两人低头不见抬头见的，反正也躲不过，就一起吃了个饭。阿毛说到自己与老婆和好了。他从前跟小柚好的时候，提到老婆，连带老婆的姐姐妹妹，都是一朵朵现世奇葩，而现在说到老婆和姐妹几个，夸成了五朵金花。诸如，老婆现在出息了，办英语补习班挣了很多钱，家里的一应开销都是老婆包了，对自己在农村的爹妈弟妹也没少帮衬贴补，还买了两套房子……“小柚你怎么没有进步呢？”

进步？小柚忽然醒悟过来那一年阿毛的“还没想好”是什么意思了。阿毛卧在办公室那几天，单位里正如火如荼地进行处级领导干部选拔，符合条件的没几个人，其中就有阿毛……此前阿毛任性私奔，老婆闹、孩子哭、爹娘劝全都置之脑后，时刻准备着和小柚建设美好的新世界。可是，当有个更锦绣的前程摆在自己面前时，阿毛挣扎了。

话说回来，如今阿毛的老婆知不知道应该感谢的是谁——替她召回了浪子，保卫了家庭。

戴眼镜的性感指数

在我弟弟小肖眼里，眼镜代表着一种权威。比如，经常训斥他的老师就戴着眼镜。老师慢慢地逼近小肖，扶一扶眼镜，小肖就知道大事不妙了。可能是昨天手贱在作业本上画的龟兔赛跑让老师发现了，也可能是前天翘课去看电影被哪个嘴欠的举报了，还可能是大前天跟街上的小混混打架，对方来寻仇，被老师知道了……其实小肖倒是不在乎结果，无非是罚站、罚抄、叫家长，可是不知为什么，这一切都没有老师徐徐靠近的那个瞬间令人绝望。也许是因为根本看不到对方的眼神，只看到眼镜片的反光一闪一闪，一闪一闪。小肖寻思，所谓的鬼火，估计在恐怖指数上也拼不过这种光芒吧？这种镜片的闪光给小肖同学的童年留下了严重阴影，以至于决定以后找老婆，一定要找个戴眼镜的，这样就可以娶回家慢慢收拾！

可不是吗？眼镜时常会充当这种不怒自威的道具。在我们部门，当老袁部长戴上眼镜，表情顿时变得高深莫测。比如小方被客户投诉，老袁把小方叫去谈话，通常为了“晾”小方一会儿，故意戴上眼镜装作看文件，酝酿“山雨欲来风满楼”的威严气氛。于是，在老袁跟小方掰扯这件事的“严重性”之前，小方就像眼看刑具已经装好，不知何时动用一样，“细思恐极”，但求速死。

看来，与戴手套、戴帽子、戴领带、戴皮带相比，戴眼镜最让人没想头。眼镜遮挡起了“心灵的窗户”，表示他或她要屏蔽掉一切情感流露——比如望穿秋水、含情脉脉、心有灵犀等与职场格格不入的软绵绵、轻飘飘的情绪——切换到绝不走心、保持距离、公事公办的严肃模式了。

多数情况下，男人戴眼镜是为了遮挡眼神，女人却是为了遮挡黑眼圈。我的闺蜜小咪戴眼镜，一般情况是她昨晚没睡好，眼睛肿了；“二般”情况是起来晚了，没来得及化妆。有句话说：“没有男人愿意和戴眼镜的女人调情。”可见，眼镜有效地降低了女人的颜值和性感指数。电视剧里，熟女明星秒变呆萌少女，最快捷的方式是给她戴上眼镜。如果剧情需要她再丑些，就再剪个好像被狗啃了一样的刘海，戴上一副质地低劣的牙套，一个“丑小鸭”就新鲜出炉了。小鸭越丑，反弹逆袭变白天鹅的余地越大。在这些道具中——牙套、发卡，尤其是眼镜，功不可没。

于是，在《生活大爆炸》里，女博士戴着眼镜谈恋爱，总有一种违和感。当伯纳黛特和老公霍华德亲吻时，导演每次都安排她的哑嗓子婆婆来搅局，导致那些吻从来未曾荡气回肠过；当艾米和男朋友谢耳朵接吻时，镜头都不忍直视了，匆匆掠过，毕竟他们接完吻以后还要认真讨论双方的多巴胺分泌情况。因此，戴眼镜的女人接吻，要么不解风情，要么笨拙别扭，反正必须出个事端，让观众替她们笑个场才应景。

于是，电影里春心萌动的女人锁定了心上人之后，会摘掉眼镜，烫卷头发，专门在他出没的地方晃荡，盼着那个男人也对她青眼有加。摘掉眼镜的她，卸载了对整个世界的防火墙，眼波里流荡着“束手就擒”四个字，生怕他看不到啊看不到。

张三疯的美丽新世界

据说，张三疯从前被叫“小张”的时候，还没这么疯。他会认真地皱着眉头，问些奇葩“天问”：“我咋看咱公司领导都打牌喝酒？我爹妈说那些东西不敢沾，可我看人家越弄这些事儿路子越宽。你说，我是不是也该学着弄弄？”

张三疯刚刚开始发疯时还颇有些可爱，做啥事都比别人更激动，更投入，动作大，表情狠。即便剥个煮鸡蛋，他的动作也会虎虎生风——把鸡蛋使劲一磕，按在桌子上一滚一碾，扯下龟裂成碎渣渣的蛋壳，整个煮蛋就塞嘴里了。嚼的时候，腮帮子一涌一涌，像是威胁谁似的。有一天，老袁捉弄他，趁他来得晚，取了一颗生鸡蛋放在他桌子上……从此，张三疯就知道了，人狠不在动作大，而在于心机巧，于是决心跟着老袁混，老袁下班应酬他也跟着。老袁后来说，本来想带这小子帮着劝菜挡酒的，结果这货一点儿也不客气，不停地嚷嚷添酒加菜，啥贵点啥，简直是砸场子去了！

后来张三疯在饭局上也不再只顾抢吃的，还学会了抢占话语权。他能把话头从任何一个角度扯到自己身上：“苟蓝蓝现在是不是当处长啦？”有人点头，张三疯得意地说：“我和她同一年进的公司，那时她老追着我说话。你们知道不？她老家现在发现油田了，村里人进城打招呼都这样说——‘那谁，你进城去吗？买房的话给我也捎一套哈。’唉！早知道这样，当年我就从了她啦……”即便女人们聊孩子的话题，他也能插上一嘴，扯他儿子、儿子上的小学，其实是想说儿子的小学老师。他说，家长会后，那位漂亮的老师会撇下别的家长只和他说话，还给他买过裤子，“这事可不敢让你嫂子知道！”。说得大家都停止了咀嚼，疑惑地盯着“张三疯”的大肚腩和秃脑门。

如今的张三疯更疯了，办公室没人听他说话，他就装作大声跟人聊微信，不是在约今晚的饭局，就是在聊昨晚的派对……我一见张三疯走过来，赶紧抓起一本书挡住脸，不给他发疯的机会。张三疯这回疯得风雅了些：“爱看书是好事呀，我从前也爱看书的。《平凡的世界》你看过没？”说到《平凡的世界》，他目光灼灼，像是在说初恋。估计他这辈子就只来得及被这一本书撼动过，于是那部分被感染了的灵魂就永远停在了过去那个还算平凡的世界，而其他支离破碎的老灵魂，和眼前这个美丽新世界疯狂剐蹭着，逐渐变成了一块块破抹布。

和张三疯一样，麦卡勒斯的小说《席林斯基夫人与芬兰国王》里的席林斯基夫人也酷爱绕着弯子吹牛。她曾跟同事说，自己在家乡芬兰的一家点心店门口，一转身看到芬兰国王乘着一辆雪橇经过……被同事戳穿说，芬兰是个民主国家，早就没有国王了。其实席林斯基夫人说谎的原因很痛苦，也很容易理解。她一生都在工作，白天黑夜，根本没有精力来对付别的事。可是，倘若她在图书馆桌子上辛苦工作了一个通宵，就会远兜远转设法告诉别人她昨晚打牌去了，就像是两件事她都做了似的。通过这些谎言，她觉得自己生活得很充实。谎言使得她工作之余的渺小生存状态整整丰富了一倍，而且还使得她个人生活里的那些小块的破抹布一样的时光，变成了闪闪发光、五彩斑斓的丝绸。

你们装正经时，我装不正经

“开心果”小咪的微信好友分两组。一组是打不了情来骂不来俏的“猪友”。比如前同事老 M，跟小咪微信对话的画风是这样的：“小莲今天早上来了，她小孩考小升初……”小咪一听小莲，头就嗡嗡的。关于小莲还能说什么，无非是她忙着送小孩上奥数班啊，小孩不愿意做奥数题呀，她求小孩多做几道奥数题啊……对这个话题，小咪只回了两个字——“呵呵”。老 M 看得出小咪没兴趣，就换个话题，问：“你现在在哪个部门啊？当科长了吗？你知道吗？大鹏和小李都当处长了……”对这个话题，小咪还是没有呈现出应有的羡慕嫉妒恨。

老 M 已经不耐烦了，说：“我怎么在咱们局域网上看不到你的照片啊？把你的照片叫我看看啊！”小咪心里说，不好意思，我对你现在的长相没兴趣，求求你对我也别有兴趣。小咪知道老 M 只要一看照片或本人，一定会感慨时间到哪儿去了。鬼才知道你的时间到哪儿去了！小咪一点也不会感慨人生苦短、青春易逝，她永远觉得现在才是最好的时光……跟老 M 到无话可说的时候，为了结尾不尴尬，就客气地约了饭。可是小咪在心里说，不好意思，我不会兑现这顿饭的，然后就把老 M 拉进了“猪友”一组。

另一组用来打情骂俏的朋友是“狗友”。小咪平常在微信朋友圈“冒傻气”，就只在“狗友”分组可见。我作为“狗友”，与她的微信互动是这样的画风："今天咋没上班？""朕今日身子不爽。""保重龙体要紧。""为了爱妃们，朕得挺着！""雄起！不要辜负了臣妾们对大王的期待哦……""爱妃你学坏了！""强帝手下无弱妃。"即便聊天气，也会切换到无厘头模式："受不了啦，下周咱去度假吧，太热啦！""我不走，我就要站在距离太阳最近的地方，接受太阳对我的考验！""经不起太阳考验的月亮不是好星星。""禁不起月亮勾引的星星不是好太阳。""你就出去疯，去找月亮巫山云雨吧。""你就留在这，坚守在太阳身边铁血丹心吧。""你和月亮宝宝蜜里调油、比翼双飞吧。""你和太阳夫婿活力四射、日月同辉吧。"……

令部长老 Q 匪夷所思的是，在最该打情骂俏的场合，小咪常常缄默。比如迎接公司上级领导检查的饭局上，这种场合只说"同志们辛苦了""为人民服务"啥的肯定不行，老 Q 就会指挥小咪给各位领导敬酒，暗示小咪发挥搞笑软实力，在酒桌上说些段子放松一下。小咪却从平时的嘻哈模式切换到正经状态，要多正经有多正经，就差没换上套装打起领带，连风纪扣都扣得严严的。事后小咪说："呵呵，姐只在你们假装正经的时候假装不正经。你们真想不正经，姐才懒得陪你们出洋相呢。"

老 Q 永远也理解不了小咪的解释，就像纳博科夫的小说《透明》里的那个神经质天才对情人的表白："我可以用三分钟的时间记住电话号码薄的一整页，但却记不住自己的电话号码。……我能画出湖光水色无与伦比的半透明性，天堂般的群山映照其中，但却画不出一条船、一座桥……我可以跃起一英寸，并在空中保持十秒钟，但却爬不上一棵苹果树。"

制造痛苦本来是一种庆贺

某论坛上讨论："'上班狗'最最最讨厌的事是啥？"答案有："最讨厌领导突然查考勤。""和女朋友亲嘴嘴的时候，领导叫回单位加班！"比起论坛上的答案，我的顶头上司老袁对我还算客气。

我最近在休假，部门主管老袁打来电话，问我要几个数据："你要是记起来的话，就给我发个电子邮件；要是记不起来，来一趟也可以……"来一趟？也可以？当时外面 40℃的高温，地表温度能摊鸡蛋；何况我在争分夺秒、只争朝夕的休假中；何况我当时在山里吹着清凉的小风；何况这一程 160 公里，等赶到公司也到了该下班的时间了。

当我听到老袁的指令，心中一万只"草泥马"在奔腾，而老袁心里也一定藏着一万种叫我去加班的理由。我能感觉到他的理由和我的"草泥马"在激烈地战斗，究竟鹿死谁手不重要，重要的是，他成功地干扰了我的休假，破坏了我的好心情。所以，他赢了。

说实话，老袁这人不坏，比起公司其他面瘫领导来说，亲和力强得多。但我发现老袁有个特别"另类"的爱好，那就是他擅于激发出下属的窘迫、尴尬、颓丧、痛苦等负面情绪并欣赏之。比如，他经常会在下班的时候安排大家开会，欣赏每个人想走又走不了的神态——担心接孩子接晚了的 L 姐在抓耳挠腮，担心路上高峰期堵车的阿威在心急如焚……他也不是故意整谁，只是很享受他们的沮丧和焦虑。

要命的是，老袁并不仅仅享受别人的痛苦，也享受着自己的痛苦。他的口头禅是：“我从前在部队……”“我刚刚入职的时候……”每当他开启追忆逝水流年模式，听众们就想找借口逃跑。是的，他从前还是新兵蛋子的时候，曾经被老兵们打掉过一颗牙；他做秘书的时候，夹在正副职两个上司中间，经常气得坐在楼顶饮泣，思考并怀疑人生。他的受虐情形，堪比小学课本里最悲催的人物之一——学徒凡卡的经历：“老板娘叫我收拾一条青鱼，我从尾巴上弄起，她就捞起那条青鱼，拿鱼嘴直戳我的脸。伙计们捉弄我，他们打发我上酒店去打酒，他们叫我偷老板的黄瓜，老板随手捞起个家伙就打我。”

但问题是，跟一直在试图逃跑的凡卡不同，不知从何时起，老袁萌生了一种“多年媳妇熬成婆”的洋洋自得。从此，那颗假牙和心理阴影都成了他的勋章，“我骄傲，我自豪”的心情冉冉升起。他有事没事把他的陈年旧伤抖搂出来跟人炫耀，没有困难创造困难地号召大家向他学习那颗牙换来的坚韧、耐烦等优良品质。在老袁眼里，他吃过的苦、受过的罪都是有意义的，总得有一个舞台可以展览他的伤痕，总得有人为他吃过的苦负责、赔偿和点赞。正如尼采说的：“通过让其他人受苦，他意识到自己仍然拥有权力，并从而得到了安慰。”换句话说就是，“制造痛苦本来是一种庆贺”。

飞上枝头变凤凰

阿美的表妹天天缠着她，让她帮忙“找个稳定的工作”。表妹说：“我爹妈说了，花多少钱都成，临时工也成！我爹妈一辈子在村里被人看不起，现在我大了，他们有指望了。他们已经跟左邻右舍放出话去，说给我在城里找了个体面工作……姐，你可得给我帮忙啊！”

在左邻右舍、亲朋好友眼里，漂亮的表妹马上就变成城里人了！表妹家里虽然不富裕，但表妹是被“富养”大的。为了让她变成“城里人”，她爹妈先给她在城里租了个房子，还大方地招呼乡亲们：“以后进城里办事就找咱家女子！”村里有位邻居在表妹的房子里住了几天后点评：“哎呦！我以为你爹妈给你买的房呢！原来是租的啊？！”这个貌似无心的差评，打碎了表妹的玻璃心。表妹在电话里跟爹妈哭了两个小时，直到爹妈保证“一定会给你在城里买房”。

她爹妈绝对是舍得花这个钱的。前段时间，有人说能给表妹解决工作，她爹妈就陆续给了那人 8 万——要送礼啊，要打点各层关系啊。然后就没有然后了，全家也逐渐明白遇到骗子了。对于被骗的经历，你若是提及，表妹倒是一点也不介意，她会说：“命里该有终须有，命里没有莫强求。这个嘛，我已经心如止水了。”对于这一点，阿美就不理解了，被外人骗了 8 万，表妹放下了，但是邻居一句话，表妹为何死活就放不下？表妹的爹妈——在村里开小巴士，出的是牛马力，挣的是血汗钱。这些血汗钱忽地不见了，你做女儿的凭啥就“心如止水”了？

阿美不是不给表妹“帮这个忙”，而是觉得表妹的思维方式太土，太落后。阿美开导表妹：“在这些所谓的稳定单位，最后只能学会一样技术——装忙。早晨9点到办公室，周旋在会议室、电脑、邮件、文案，以及上司的脸色之间，在公司混一顿难吃的工作餐，熬到下午5点下班，这一天天的就交代了。我每天对着考勤机扫脸的时候，都感觉自己跟坐牢没啥区别……你好好想清楚了，趁年轻，自己出去闯闯多好！早早地把自己禁锢在办公室里坐吃等死，有意义吗？”阿美越说越激动，“你知道吗？待在自己喜欢的地方、干自己喜欢的事最快乐！你要是喜欢冲浪，就定居在新西兰的小镇；要是喜欢骑摩托车长途旅行，就去越南……”说到这儿，阿美也感到自己扯得远了，就循循善诱道，“那你有没有理想呢？喜欢什么样的工作和生活？希望以后的自己成为什么样的人？”

表妹瞪着茫然的眼睛，呢喃着：“至少像姐姐你一样啊……有个体面的工作，才能找到个条件好些的、靠谱的对象结婚是不？”是啊，在老家人的眼里，阿美已经是他们视野可见的人生赢家了。他们不知道她在公司活得多憋屈，也不知道她在婚姻里过得多窒息。

阿美心里一闪念：自己如今劝表妹“别买不需要的东西炫耀给不喜欢的人看”，可是倘若穿越回去，20岁的自己还会选这样的老公和这样的工作吗？答案是“会”，因为当时的自己就是不想一针一线地讨生活，就是想飞上枝头变凤凰，披上现成的锦衣给乡亲们看。

也许“稳定的工作”对于表妹这个阶段的女孩也是个理想吧，而且，并不比“做自己”的理想差。

办公室里的平等主义

记得中学时，班里有种叫“班副”的生物，除了负责在每节课老师进来的时候叫“起立”“坐下”，还负责记录谁迟到，谁早退，谁和谁交头接耳，并及时把情况跟班主任汇报。他大权在握，秉公执法，每个人的名字都曾经出现在他的记录本上……

在我们公司，除了上述任务，同事安妮还将“班副”角色演绎出了不同的风格。她将“袁主任”的“袁”字去掉，直呼“主任”。从此，在她口中，老袁的名字变成了姓“主”名“任”，老袁挺享受这种称呼。叫的人驯顺又乖巧，被叫的人听着亲切又贴心。对安妮来说，这不过是做下属的一种“礼仪”和“教养”而已，可有人说，每次安妮称呼老袁“主任”的时候，他都会听成“主人”，感觉穿越回了奴隶社会。

哪个办公室没有等级呢？在塞林格的小说《九故事》里有个故事：主人公是位 19 岁的少年，母亲去世了，不好意思再待在继父家，于是应聘了一份工作。在办公室里，尽管这个少年是个天才的画家，也不得不“端坐在房间另一头，穿着我的蓝制服，打着苏尔卡领带，做出一副既警觉又很耐心的样子，而且还显得多少是这单位不可或缺的人物似的”。为了站稳脚跟，取得老板的好感，他表现得格外乖巧——“从西服背心口袋里取出一把绘图软铅笔……，把它们放在写字桌桌面上，动作尽可能不发出声音”；有一回老板“不知为了什么原因朝我瞥了一眼，我便回报以一个很过分的想讨他喜欢的媚笑”；当老板走到他办公桌前时，他“使足了劲儿不让肚子咕噜咕噜地响出声来”；老板走近时，他“赶紧立起来，并且还稍稍伛下身子免得使自己显得高大自傲”……

关于颠覆办公室等级，美国学者尼基尔·萨瓦尔的著作《隔间：办公室进化史》里有个例子。网络公司总裁恰特很看不惯一种“弄得跟小学似的”办公室，人们乖乖地坐在自己的座位上，除了上厕所，不得离开。恰特认为这种环境滋生着偏狭和恐惧，人们无心工作，沉迷于阿谀奉承或内耗争斗。在这样的传统公司，总裁舒服地窝在自己行政楼层的套间中，套间里配备卫生间，连在厕所与员工偶遇的机会都没有。而在恰特理想的公司里，踩着滑板车摇摇晃晃地转悠在办公空间的工程师手里的 Nerf 玩具箭松开后，也许会飞过开放空间，轻微地砸到董事长的脑门上。而这位董事长，正如传说中的被苹果砸到的牛顿一样，说不定就能发现宇宙的奥秘。

于是恰特进行了一场平等主义办公室的实验：他的公司没有固定办公室，也不设固定办公桌，允许带宠物上班，餐桌不规则地摆放着，邋遢的员工穿着随便的衣服窝在屏幕前，留着华丽的“起床头”造型，伴随着隆隆的摇滚乐……实验的结果是，员工到了办公室后不知道该待在哪儿，于是便走了。哪怕没走，也找不到坐的地方——因为没有固定的办公桌，人们不得不把没做完的工作塞进他们的寄存柜里，很快柜子就不够塞了，有人带了辆玩具手推车到办公室，以便四处移动她的东西。就像考研抢占自习室座位一样，住在公司附近的人会起个大早先来趟办公室，将电脑藏到寄存柜里，回家再睡几个小时，然后回到办公室开始工作。

人们开始翘班，经理们逐渐找不到员工……

恰特的实验失败了，亲历实验的人表示，不可能有平等主义的办公室，这是人性所致。

办公室能够消亡吗

《办公室的消亡》的作者范贺文的观点，被自由职业者们奉为圭臬。他说，工业革命就是场延续了两百年的错误，这场错误残忍地将人类困在固定的位置，日复一日地工作，而远程通信技术将终结办公室，实现“云办公”。数字革命和信息技术将改变人们感受时间和空间的方式，我们将重新变回自由的手艺人。

自由职业，听上去时尚又美好。在手机游戏《粉碎办公室》里，那位供职于“奴隶科技”的主人公抡起了大锤，砸烂了电脑，砸烂了办公桌，替广大受困的办公室居民出了一口恶气……然而，就如同“娜拉出走之后怎么办”的永恒疑问，推开桌子、踢翻板凳的职场英雄们，以后怎么办呢？

以朋友阿猫为例，在她眼里，上班打工，结婚生子，育儿陪读，这些都是很丧失自我的生活方式。“搞不明白你们为啥要被生活牵着鼻子走，干吗要活得像只狗。”阿猫每天的任务就是做手工和谈恋爱，只见喜欢的人，只做喜欢的事，过着公众号文章“安利”的生活——“用最少的生命外挂，活出最丰富的生命体验”。对此，我曾经不无羡慕，直到发现这种生活在实际操作中充满风险。阿猫做手工和谈恋爱都是用生命在搞，两者循环好的话，物质精神双滋润，但若有一个断了链子，就物质精神双崩溃。甚至阿猫的社交空间签名一度也变成了：“孤独其实是一种固体，沉甸甸地压在空气里。”

这其中暗含的逐渐萎缩的社交力和行动力的倾向，令人联想到日本一些“死宅”年轻人，他们终日闭门不出，年迈的父母只好通过门口的垃圾袋来确定自己的孩子是不是还活着。网上有攻略来帮助 SOHO 一族建立弱社交，比如去阳气十足、生命力旺盛的健身俱乐部按时打卡；在咖啡馆或图书馆工作，以便沾一沾人气；或者搬到接地气、熟人多的老社区，宁可被好事的邻居大爷大妈搭话，和楼下商贩吵一架，也好过死气沉沉的生活。

与范贺文的观点相对的是格林沃尔德的研究成果。他看到的“自由职业者”，除了一小部分佼佼者可以自行定价外，大多数人几乎永久地处于“未被充分雇佣”的状态中。当体会到满足感的同时，他们也体会到了“大量的焦虑感”。虽然不用见到自己不喜欢的人了，可也丧失了很多结识喜欢的人的机会。格林沃尔德用了一种毫不妥协的措辞，将范贺文倡导的所谓“自由职业”称为“白领阶层错误幻觉的留存”。而关于“云办公”的小小讽刺在于，那些帮助我们脱离了时间和空间的限制，可以充分按照自己的心愿来“云办公”的软件，都是“程序猿”们在办公室里坐着写出来的……这些人在会议室里和其他团队成员讨论着如何推进工作，不必待在咖啡馆里打开笔记本装作奋笔疾书，以显示自己有创意，有灵感，也不需要一边四处漫游，一边工作，来昭显个性和自我。

修成正果靠的不是劳动，是战斗

有没有发现，一个做上司的人，多少是有些语言风格的。比如我们公司的主管老Q，喜欢使用祈使句。网络百科词条中的“祈使句”是这样解释的：表示说话人对对方的请求、警告、建议或命令等。请求、建议什么的，老Q从未使用过，倒是将警告和命令用到出神入化。除了祈使句，他还喜欢使用虚拟语气，乍一听比祈使句婉转——“如果是我，我就不会……”但当你把千辛万苦做的图纸或模型放在老Q面前，作为该作品的主人，看到老Q一脸生无可恋的表情，是不是恨不得当场自废武功、咬舌自尽算了？

千万别急着干傻事啊，因为老Q针对的不一定是你干的这个活儿，而是“这个工作”。换句话说，他对所有一线工作在进行本能的鄙视，毕竟他刚刚脱离了最底层的劳动，凡事不用再亲力亲为了。厚道点儿，人家好不容易混到了“上层”，总不能对下属干的活儿欣赏、点赞、膜拜吧。

凡勃伦的《有闲阶级论》里提到，人类的文化习性之一是轻视劳动，毕竟“有闲即光荣”。上层阶级是可以脱离生产的，比如中世纪的教士、印度的婆罗门和刹帝利贵族，他们需要承担“荣誉性的工作”——比如领兵打仗，搞学术，玩政治，组织宗教活动给民众洗脑净心，举办奥运会或组织广场舞，而其他工作则属于

“贱役”，是有失身份的。拿波利尼亚的某些酋长为例，他们为了保持尊严，宁可挨饿，也不肯用自己的手把食物送到嘴里。而法国的某届国王在烤火的时候，火势越来越大，而专管为他搬移座位的人恰好不在，他就坚忍地坐在炉边，不移一步，终于被熏灼到无可挽救的地步。他虽然牺牲了，却保全了“龙体圣洁”，没有被“贱役”所玷污。

“贱役”这个词太刺眼窝心，一言不合就能引发争斗，你信不信？比如孙悟空，本来是猴王，被玉帝招安后，先后被任命御马和看桃园。这两件事猴子本来并不讨厌，有吃有喝，能逛能玩，可是在天宫混时间长了才发现，这俩差事地位实在不高，几乎属于贱役行业。他的劳动并没有被赋予应有的荣耀，反而没少被奚落嘲笑。受刺激的猴子开始借酒发疯，大闹天宫。而上层发现猴子能打，就发挥他打架斗殴的优势，派给他一个重要的任务——保护唐僧取经，后来被封为斗战胜佛。这个结果孙悟空肯定也万万没想到，最终帮助他修成正果的不是劳动，是战斗。

现代社会，人们穷尽一切努力，都是为了证明自己不必劳动，且远离贱役。如今不论是裁缝，还是木匠，都学会了改叫 DIY 或手工设计，然后想方设法跟艺术和情怀挂起钩来，卖相才能好。同样是从甲地到乙地，“逛吃逛吃”和为衣食奔波，那就是尊卑两重天。

劳动的痕迹是如此被人们厌恶，以致所谓“美美哒”，必须是没有劳形碌相的，没有被太阳晒出“红二团”，不能虎背熊腰、糙皮厚肉……别说锥子脸、“i 6 腿”之不识人间烟火，《诗经》里也是“手如柔荑，肤如凝脂”的才有资格当美人，童话里能穿上水晶鞋的才配当皇后。所以，我们拼命劳动，为的是有朝一日脱离劳动，永远做着跟劳动无关的事，以便让别人欣赏，点赞，膜拜。

怎样才能和陌生人好好说话

小毛发现，同为公务人员，机关工作主要是和熟人来往打交道，而基层工作的琐碎之处就在于：你不得不每天都和陌生人打交道。

比如电话通知企业年报，小毛打了第一个电话就被气了个倒仰。对方接电话的时候还正常着，说了“你好”，第二句就不对了——“年报跟我有啥关系？”“啪！”一声挂了电话，就像是接到了骗子来电。小毛缓了半天神，百思不解，自己混了大半辈子，啥时候混成了打骚扰电话的？明明是政府机关自作多情上门服务的好不好？

更多的人是揣着明白装糊涂，小毛已经经历过无数次这样的对话：“你好，给你们公司通知一下年报……”“公司不打算干了，税务都锁了几年了。”“不年报的话执照也会被列入异常……”“那我问下，不报的话有啥后果？”“会被列入异常，就是被锁。”“我们的税务早就被锁了，怎么解锁？”“那你得先完税。”“锁了就锁了，反正也没交税，那你还是说一下不报的话会怎样？”“会……”爱报不报吧！你到底是傻，还是在装傻？

其实小毛也听出来了，这位当会计的大姐不是智商低，她在炒鸡蛋、洗毛衣上智商一定不低，只是不肯替老板动一丝丝脑筋。可她之所以不挂电话，就那么纠缠下去，也并非有意调戏。她心里还是有一点点恐慌，毕竟自己还要在人家手底下干，又不想好好干，那就调低智商，节省能量，就像冬眠的动物，对外界刺激的反应是麻木不仁，一倒头昏睡到冬天过去……

有几家商户电话打不通，小毛上门走访通知年报。她远远地看见，店铺的老板娘本来正在笑，忽一眼看到穿制服的来了，就转过身去，找了个茬，掐了自己家娃一下，掐得那孩子哇哇大哭。看到这家人大人横眉冷对，小孩哭哭啼啼，满满的负能量扑面而来，小毛不好意思再硬着头皮进去给人家说工作、讲政策，只好绕道而行。

另一家店没娃可打，索性装聋作哑。女老板暗示她手下一个傻白甜的营业员来应付——“老板不在。”“那麻烦你给老板转达一下……”“你别跟我说，我听不懂！”“那你跟我说一下你们老板的电话号码，我来打。”“你打不通的，老板在美国。”……其实小毛曾在这家店消费过，她知道在镜子前装作试衣服的就是老板。小毛干脆找了个墩子坐下，等着她试完衣服跟她解释工作的事。这位老板见小毛还不走，就站在小毛面前脱得只剩下内衣。小毛当时就惊呆了，事后才反应过来，这是在赶她走。可想而知，倘若自己是个男的，那么脱衣服的含义可能是取悦、贿赂或骚扰，但小毛是女的，这里面就暗含了深深的恶意，对方用她裸露的胸、肚子，还有肚子上的赘肉，在示威，在恶心小毛。类似于用一种不出声的肢体语言在咒骂，咒骂这些闯进她地盘的人，只因为他们不是客户，给她带不来利益。

正气得呼哧呼哧着，小毛的手机响了。这种让她参加人寿保险、向她推销艺术品收藏的电话一天最少接三个，简直不堪其扰。小毛一般会粗暴挂断，还要在挂断前怼几句解解气。可这回小毛决定，以后还是对这些广告电话友好一点吧，都不容易，至少说句“知道了，我不需要，谢谢”。可是，干吗要对骚扰自己的人说“谢谢”？

权杖一挥，火花四溅

小吕是个机关的小公务员，相貌普通，资质平庸，家境一般。她没想到有这么一天，自己在机关里忽然变得人见人爱，花见花开。缘起是机关退休了几任处长，空出了几顶处长“帽子”，局里有资格参评的人们都摩拳擦掌，跃跃欲试。于是，很多平时跟小吕不熟的人为了拉票，都跑来跟小吕套近乎。

比如老林，平时最上心的事就是下班回家遛狗，貌似准备和他的狗相依为命，终老此生了。投票前一天，他下班也不急着回家管他的宝贝狗了，把小吕堵在办公室，聊天聊到天黑，临走还在絮叨：“妹子，千万要记得给你哥我投一票啊！记着，只投哥的票，别投别人。你写了别人的话，哥压力太大！”

被老林拉着“推心置腹”的时候，小吕的前任周某某发来长长的一段私信，大意就是两个字——“选我！”，又接着发了一串串磕头作揖的表情。分手一年，两人形同陌路，他对她的评价言犹在耳：“智商欠费不靠谱！”他此刻的表现惊到她了，她寻思：为争取一张选票，这个刀扎大腿都不吭一声的汉子都认怂了，居然跑来抱“不靠谱”前任的大腿？不由得在心里冷笑，领导一定没想到，他的“帽子游戏”不仅引无数英雄竞折腰，还承担了弥合裂隙、填平鸿沟的重任，使得老死不相往来的前任都隔空喊话再续前缘了。

话说“帽子”的力量何止这些？机关里新调来的一位姐姐，平时麻服素颜，吃斋参禅，清心寡欲，现在也坐不住了，在楼道上拦住小吕，就像捉住一只猎物。她拉着小吕的手好一通表白：“妹妹呀，姐的年龄快到了，这是姐最后一次机会了……”小吕连连点头。临走，这位姐不放心，又问：“对了，妹妹，你还不知道姐的名字吧？要不你一会儿把票给我，我自己写？”

还有个同事，平时低头不见抬头见，一直把小吕当空气，早餐时忽然远远地冲着小吕笑容满面，大声招呼她：“嗨！老乡！”小吕迷茫良久，自己家祖宗几辈都在本城本地，何来老乡？

临去会议室前，本部门副主任拦住小吕，严肃地叮咛：“你知道这次的任务吗？可要记住了，肥水不流外人田啊！”小吕顿时有了种不辱使命的豪迈，走远了，还回头朝着对她寄予厚望的主任挥了挥手里的笔，像挥舞着一把宝剑，只差骑上一匹马就找到奔赴战场的感觉了。对了，选票上据说还要写明“投票原因”，自己要不要实话实说，“君让臣投，臣不得不投”？

小吕比平时早去了一会儿，想找个不醒目的位置，一进会议室才发现根本多此一举，前面的座位早就坐满了。平时开会都是各个处室按人头摊派任务，这次，许多神龙见首不见尾的、不出工只领饷的人都来了。还有一些处室为了拉票，把在家休养生息的病号、伤员都吆喝来了，会场不得不规定一个处室只能来两人，多余的人“清理”出去。小吕纳闷，争取个选票而已，又不是在刷票房，这些人咋都这么亢奋狂热？忽然想起昨天老林说了句实话，恰好能给这个问题做答案：“有枣没枣打一竿子呗！”

在欲望面前，谁也别笑话谁。权力之杖轻轻一挥，火花四溅。